LIBÉREZ votre ÉNERGIE

LIBÉREZ *votre* ÉNERGIE

UNE NOUVELLE APPROCHE DE LA SANTÉ ET DE LA VITALITÉ

Sous la direction d'Emma Mitchell

Sélection
du Reader's Digest

PARIS • BRUXELLES • MONTRÉAL • ZURICH

LIBÉREZ VOTRE ÉNERGIE est l'adaptation française de
YOUR BODY'S ENERGY, conçu, réalisé et publié par
Duncan Baird Publishers, Londres, pour
One Spirit

ÉDITION ORIGINALE
Responsable éditoriale : Catherine Bradley
Éditeur : Slaney Begley
Maquette : Sue Bush, Lucie Penn
Recherche iconographique : Cecilia Weston-Baker
Illustrations principales : Elaine Cox
Index : Drusilla Calvert

ÉDITION FRANÇAISE
Réalisée par ML Éditions, Paris,
avec Anne Papazoglou-Obermeister,
Chritiane Keukens et Nathalie Colombier
Traduction-adaptation : Catherine Gruneberg

Sous la direction de l'équipe éditoriale de
SÉLECTION DU READER'S DIGEST
Direction éditoriale : Gérard Chenuet
Responsable de l'ouvrage : Christine de Colombel
Lecture-correction : Béatrice Omer
Fabrication : Frédéric Pecqueux

PREMIÈRE ÉDITION
ÉDITION ORIGINALE
© 1998, Duncan Baird Publishers

ÉDITION FRANÇAISE
© 1999, Sélection du Reader's Digest, SA
212, boulevard Saint-Germain, 75007 Paris

© 1999, N.V. Reader's Digest, SA
20, boulevard Paepsem, 1070 Bruxelles

© 1999, Sélection du Reader's Digest (Canada),
Limitée
215, avenue Redfern, Montréal, Québec H3Z 2V9

© 1999, Sélection du Reader's Digest, SA
Räffelstrasse 11, « Gallushof », 8021 Zurich

ISBN 2.7098-1032-8

Tous droits de traduction, d'adaptation et de
reproduction, sous quelque forme que ce soit,
réservés pour tous pays.

Avertissement de l'éditeur
Avant de suivre les conseils ou de réaliser
les exercices contenus dans ce livre, il est
recommandé, en cas de doute ou de problèmes
de santé, de consulter votre médecin. L'éditeur,
les auteurs et les photographes ne peuvent, en
aucun cas, être tenus responsables des blessures
ou malaises qui résulteraient de la pratique
des exercices ou des méthodes thérapeutiques
mentionnées dans cet ouvrage.

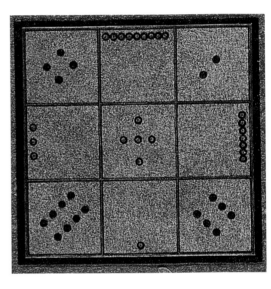

« Les miracles ne se produisent

pas en contradiction avec

la nature, mais seulement

en contradiction avec

ce que nous connaissons

d'elle » (saint Augustin).

肺心包脾肝腎膀胃

陽

陰

風水

अग्नि

आकाशं

जलं

ॐ

太極

ऊर्जा

योगः

प्राणः

ध्यान पद्मासन ताडासन वृक्ष

वायु

火水金木土

氣

氣功

पृथिवी

INTRODUCTION

La médecine occidentale considère le corps comme une machine, une somme d'éléments qui fonctionnent ensemble. Transplanter un organe, par exemple, c'est enlever un élément qui « marche » mal et le remplacer. Cependant, de nombreuses cultures voient dans le corps autre chose qu'un ensemble d'organes, et supposent l'existence fondamentale d'une énergie intérieure qui circule sans cesse dans l'organisme, depuis l'instant de la conception jusqu'à la mort, et peut-être même au-delà. Les Chinois appellent cette énergie *qi* (qui peut aussi s'écrire « chi » et qui se prononce « tchi »), les Indiens parlent de *prana,* et les Tibétains, de *lung.* Même l'Occident, dont la médecine moderne semble bien éloignée de cette conception de l'énergie vitale, exprima autrefois des concepts comparables. Galien, notamment, l'un des plus grands médecins de l'Antiquité, formula l'hypothèse d'une énergie essentielle *(pneuma),* tandis que les alchimistes médiévaux parlaient de « fluide vital ».

Aujourd'hui, trois systèmes tentent de rendre compte de cette énergie : les anciens systèmes chinois et indien, et le système moderne occidental. Chacun d'eux s'est développé de façon indépendante, mais leurs similitudes sont frappantes. Pour les trois systèmes, l'énergie pénètre le corps physique – les organes, les muscles, les os, tout ce que l'on peut disséquer et examiner – mais atteint également certaines zones moins tangibles, dont la médecine allopathique occidentale n'envisage pas l'existence. De même, les trois systèmes ne définissent pas la santé ou la maladie selon des critères seulement physiques, mais prennent en compte, à travers l'observation des niveaux d'énergie dans le corps, l'état mental et spirituel. Le stress ou les chocs émotionnels affectent l'équilibre énergétique de l'organisme : lorsqu'un déséquilibre s'installe, la maladie se déclare. On peut ainsi reconnaître l'amorce d'une maladie à l'interruption anormale des flux d'énergie plutôt qu'à l'apparition de symptômes physiques. La santé dépend donc d'une circulation d'énergie fluide et continue, ce qui suppose un bon équilibre mental, spirituel et physique. Pour mettre en place et maintenir cet équilibre, chacun des trois systèmes a élaboré sa propre médecine et a mis au point tout un ensemble de pratiques qui concernent aussi bien la nutrition que le mode de vie.

Le système chinois est si ancien que ses origines se perdent dans la nuit des temps. Son influence, prépondérante dans tout l'Extrême-Orient, s'est étendue vers le sud, depuis le Laos jusqu'aux Philippines, en passant par la Thaïlande et le Cambodge, ainsi que vers l'est, à travers la Corée et jusqu'au Japon. Il a donné naissance à la médecine orientale, et ses conceptions sont à la base des arts martiaux « internes » comme le *tai-chi*, des exercices énergétiques tels que le *qigong*, ainsi que de diverses écoles de développement spirituel. Le système chinois repose sur l'existence de canaux appelés méridiens, qui transportent l'énergie dans tout le corps.

Il existe douze méridiens principaux, qui se ramifient en nombreuses branches mineures, et huit vaisseaux considérés comme des réservoirs d'énergie. L'énergie s'écoule en un long cycle le long de tous les méridiens. Chaque méridien est associé à un organe essentiel du corps, aux muscles que ses canaux traversent, mais aussi aux éléments et aux cycles de la nature, aux moments de la journée ou aux changements de saison. Lorsqu'un méridien se bloque, le flux d'énergie s'interrompt, entraînant l'apparition de divers symptômes affectant l'organe associé.

Les Indiens ont développé un système similaire fondé sur l'existence des *chakras,* « roues d'énergie » qui génèrent et régulent l'énergie. Il existe sept chakras majeurs, situés le long de la ligne médiane du corps, entre le sommet du crâne et le bas de la colonne vertébrale ; il existe également de nombreux chakras mineurs, disséminés sur tout le corps. Chacun des principaux chakras est associé à certains organes, certaines émotions, qualités et couleurs. Ils dégagent une énergie qui se manifeste sous la forme d'une aura située au-delà du corps physique et créant autour de lui de multiples enveloppes. Ce système énergétique est à la base du yoga et de la tradition médicale ayurvédique, ainsi que des pratiques méditatives des hindous et des bouddhistes.

Les guérisseurs et autres mages de l'Occident ont mis au point un troisième système énergétique, d'ailleurs assez semblable à celui des hindous. Selon cette tradition, le corps humain est entouré d'enveloppes d'énergie qui, reliées aux chakras, forment une aura. Il en existe sept couches, chacune d'elles possédant sa couleur particulière, sa densité, sa fluidité et sa fonction. Elles émettent des vibrations d'énergie distinctes, et enveloppent le corps physique et les couches précédentes, successivement, atteignant ainsi un champ énergétique de plus en plus vaste. La première est reliée à la base de la colonne vertébrale ou premier chakra, la deuxième au sacrum ou deuxième chakra, et ainsi de suite jusqu'à la septième couche, qui est associée au chakra du sommet du crâne. Les trois premières couches représentent l'énergie du corps physique, la quatrième le corps astral, relié au chakra du cœur et associé à l'amour, et les trois couches supérieures les vibrations énergétiques du corps spirituel.

L'énergie de chaque individu rejaillit, directement ou indirectement, sur l'énergie d'autrui. Les relations que nous entretenons avec nos proches déterminent notre bien-être et notre bonheur. Nous sommes profondément affectés par l'atmosphère engendrée par l'énergie de nos partenaires, parents, enfants et amis, et sensibles à leur état d'excitation, de joie ou de dépression. Mais l'énergie de ceux que nous ne connaissons pas nous touche pareillement : nous sommes perturbés lorsque nous devons marcher avec une foule d'inconnus fatigués ou préoccupés ; nous nous sentons ressourcés après un concert ou une fête. L'énergie circule entre les individus par la pensée et par la méditation, mais aussi par le regard : tout le monde a fait l'expérience de sentir un regard posé sur lui – lorsque notre conscience profonde nous souffle l'intuition que l'énergie d'un

Les photographies de Kirlian enregistrent l'énergie émise par chaque partie du corps sous forme électromagnétique. On voit ici la pointe d'un doigt.

autre est entrée en contact avec la nôtre. D'ailleurs, si nous nous retournons et que la personne détourne les yeux, la circulation de l'énergie est rompue. Les niveaux d'énergie varient selon les individus. De ceux dont émane une forte énergie, on dit qu'ils ont une « présence », d'autres peuvent passer inaperçus au sein d'un groupe. Il est possible que certaines personnes soient capables de concentrer leur énergie à l'intérieur d'eux-mêmes jusqu'à se rendre pratiquement invisibles, ou, à l'inverse, de la projeter pour guérir ou pour influencer les gens.

La plupart d'entre nous ne sont pas capables de percevoir l'énergie d'autrui, mais nous possédons instinctivement le sens de notre propre espace énergétique, dont nous prenons conscience avec plus d'acuité lorsque quelqu'un envahit notre espace en s'approchant trop, ou bien lorsque nous étreignons un être qui nous est cher. C'est l'un des objectifs de cet ouvrage que de vous aider à mieux reconnaître et canaliser l'énergie de votre corps.

Nous avons l'habitude de définir la santé par l'absence de maladie ou de souffrance. Mais la santé va bien au-delà : elle est la capacité à combattre le mal avec énergie et vitalité. Ainsi la médecine ne devrait-elle pas seulement tenter d'éradiquer les maladies, mais devrait également travailler à renforcer notre système immunitaire de façon que nous puissions soit résister aux maladies, soit en guérir facilement.

La médecine préventive a pour objet de maintenir le corps vigoureux et en bonne santé. En Occident, on va voir un médecin quand on se sent malade. En Chine, au contraire, on

Enfants d'un collège de Pékin pratiquant leurs exercices matinaux. En Orient, des millions de gens pratiquent ainsi chaque jour des exercices destinés à renforcer l'énergie interne.

Dans de nombreuses médecines traditionnelles, la circulation régulière de l'énergie est tout aussi importante que la respiration et le battement du pouls. Un médecin indien (ci-contre) montre les points d'accès au système énergétique du corps.

y va pour rester en bonne santé. Les Chinois estiment que traiter une personne lorsqu'elle est malade revient à se mettre à creuser un puits quand on a soif – à ce moment-là, il peut être trop tard. Si l'on veillait à ce que l'énergie du corps s'écoule régulièrement – c'est-à-dire de façon harmonieuse, pure et fluide –, on ne tomberait pas malade. Toutes les médecines complémentaires décrites dans ce livre, de l'acupuncture à la réflexologie, de la médecine ayurvédique au toucher thérapeutique, utilisent l'énergie comme élément fondamental.

Le mode de vie moderne est extrêmement stressant. Nous fournissons des efforts considérables au travail, habitons des villes polluées, faisons trop peu d'exercice et ne réussissons pas à apaiser suffisamment notre esprit pour dormir profondément et recharger ainsi notre énergie. Nous voyageons à travers le monde, passons d'un fuseau horaire à l'autre, nous retrouvons projetés dans des environnements différents, sous d'autres latitudes, rompant ainsi avec nos rythmes naturels. Les ordinateurs, centrales électriques, câbles, téléviseurs, téléphones mobiles et tous nos gadgets électroniques diffusent des radiations électromagnétiques qui perturbent notre énergie physique. Nous possédons un instinct de survie qui nous commande de combattre ou de fuir en cas d'agression – le même que celui qui animait nos ancêtres lorsqu'ils étaient attaqués par des animaux sauvages –, mais les facteurs de stress modernes ne nous laissent que rarement la possibilité de combattre ou de fuir, nous condamnant plutôt à rester assis à notre bureau et à réagir mentalement tout en étouffant nos émotions. La société moderne ne nous permet pas de réagir physiquement aux agressions, aussi sommes-nous forcés de réprimer nos réactions naturelles de survie, ce qui crée un stress supplémentaire et bloque nos flux énergétiques. Ce n'est qu'en prenant davantage conscience de cette énergie et de son écoulement que l'on peut parvenir à un équilibre mental et spirituel et prévenir ainsi la maladie.

Libérez votre énergie vous propose d'explorer les différentes théories et pratiques énergétiques du monde, et de découvrir dans quelle mesure la pratique de certains exercices physiques

Les auréoles sont des images de l'aura du corps symbolisant la sainteté, comme dans l'Ange musicien, *de Melozzo da Forli (XVe s.).*

ou méditatifs peut alléger les problèmes de la vie moderne. De nombreux peuples à travers le monde ont reçu en héritage la conscience de cette énergie vitale, parce qu'elle est enracinée dans leur culture, dans leur développement spirituel et dans leur médecine. De ce point de vue, l'Occident reste l'exception. Aussi cet ouvrage a-t-il pour objet de vous montrer comment et pourquoi certaines pratiques de santé dites alternatives, comme l'aromathérapie et l'acupuncture, utilisent le concept de l'énergie du corps.

Le premier chapitre expose les conceptions chinoise et japonaise de l'énergie, et suggère quelques exercices simples, fondés sur le *qigong*, le *do-in* et le *shiatsu*, qui vous aideront à prendre conscience de votre énergie et à en améliorer la circulation.

Le deuxième chapitre se penche sur la tradition indienne de l'énergie et propose quelques exercices de *hatha-yoga* destinés à améliorer la circulation de l'énergie dans les chakras.

Être conscient de l'énergie de son corps permet de l'utiliser avec plus d'efficacité à tout moment, y compris dans les activités les plus quotidiennes comme marcher ou s'asseoir. Inversement, un meilleur usage du corps permet à l'énergie de circuler plus régulièrement et plus librement à travers l'organisme. Le troisième chapitre, centré sur l'énergie, les postures et les mouvements, propose donc une introduction à des thérapies qui insistent sur l'importance de l'équilibre postural, comme l'ostéopathie, la chiropractie, l'ostéopathie crânienne, l'ostéopathie cranio-sacrale et la technique d'Alexander. On y trouvera également quelques exercices plus avancés de qigong, tai-chi, yoga et kinésiologie.

Le quatrième chapitre fait le point sur les différentes techniques de massage, en tant que méthode pour diriger et régu-

Nourrir l'énergie de son corps contribue à maintenir la santé,
à surmonter la maladie et à vivre plus heureux.

ler la circulation de l'énergie. Vous y découvrirez les bases de l'aromathérapie, de la réflexologie et du massage de la voûte plantaire.

Quant au cinquième chapitre, il s'intéresse plus précisément aux effets thérapeutiques de l'énergie en exposant les méthodes de guérison des acupuncteurs, kinésiologues, homéopathies et spécialistes des médecines traditionnelles ayurvédique ou chinoise.

Le chapitre suivant revient sur les rapports entre alimentation, qualité de vie et énergie, et propose de nombreux conseils pratiques pour améliorer son énergie au quotidien à l'aide d'une bonne alimentation, ainsi que pour réduire son stress grâce à certaines techniques de relaxation et à un sommeil de bonne qualité. Enfin, une introduction à la science chinoise du *feng shui* explique comment purifier et diriger son énergie de manière à l'utiliser de façon positive dans toutes les activités quotidiennes.

Nous obtenons de l'énergie vitale à partir de nourriture, d'eau pure, d'air frais, d'exercice et de sommeil. Ce sont des choses toutes simples qui peuvent nous rendre plus heureux à condition d'en prendre pleinement conscience. Cet ouvrage a été conçu pour vous faire découvrir de nombreuses théories et disciplines destinées à améliorer la qualité de votre énergie. Vous pouvez l'utiliser comme un guide de santé et de bien-être.

Ce livre n'est pas un programme d'exercices : il ne s'agit pas de tout faire, ni d'ailleurs de prendre forcément les chapitres dans l'ordre. Essayez les exercices qui vous attirent, voyez comment vous vous sentez. Si un exercice vous fait du bien, adoptez-le en l'adaptant à votre style de vie. Il se peut, par exemple, que vous preniez plaisir à faire cinq minutes de qigong dès votre réveil, ou bien que vous préfériez plus classiquement exécuter la « salutation au soleil » du yoga. Vous pouvez encore décider que le meilleur moment pour harmoniser votre énergie est la pause-déjeuner, au bureau, ou encore que la pratique de quelques exercices de relaxation le soir vous aide à trouver le sommeil. Essayez au moins l'un des exercices suggérés ici, juste quelques minutes par jour. Quels que soient votre âge et votre état de santé, vous en éprouverez sûrement de tels bienfaits que vous reviendrez rapidement vous replonger dans ce livre.

CONCEPTION CHINOISE DE L'ÉNERGIE

E N CHINE COMME AU JAPON, le corps est perçu comme le reflet de l'univers, influencé par des facteurs environnementaux, climatiques, alimentaires, mentaux et spirituels. Si l'on vit en harmonie avec son environnement, on sera en bonne santé, d'humeur calme, et l'on jouira d'une grande force spirituelle. À l'inverse, si l'on va contre les forces de la nature, on aboutira au déséquilibre et à la maladie.

Selon le système chinois, le qi (l'énergie) provient d'une source universelle et se divise en deux forces relatives mais opposées, le *yin* et le *yang,* influencées par cinq éléments qui façonnent tout le vivant. La pratique d'exercices physiques et mentaux comme le qigong, le tai-chi ou d'autres arts martiaux, équilibre les éléments du corps humain et régularise la circulation du qi.

LE CONCEPT CHINOIS DU QI

La vitalité et la santé se mesurent à la quantité de qi, ou énergie vitale, que contient le corps. Ce qi n'est pas seulement terrestre et matériel, il est aussi céleste et immatériel. Constituant le fondement de la santé physique de tout être humain, il est essentiel à notre équilibre mental et émotionnel.

Il existe différentes sortes de qi, parmi lesquelles on trouve le qi congénital, le qi nutritif et le qi protecteur. Le qi congénital, transmis par les parents lors de la conception, forme la base de notre patrimoine génétique. Reçu in utero de la mère à travers le placenta et stocké ensuite dans les reins, il détermine la vitalité de l'individu ; il peut être épuisé par le stress, de longues heures de travail, ou la prise de stimulants tels que le café et le thé. La meilleure façon de conserver son énergie vitale est de travailler et de dormir à heures régulières et de boire quotidiennement une grande quantité d'eau pure. La fatigue, l'irritation et l'épuisement indiquent souvent une déficience du qi congénital.

Le qi pénètre aussi dans le corps par l'air que nous respirons et par la nourriture que nous ingérons. Lorsque nous inspirons, l'air pénètre dans nos poumons, procurant ainsi du qi à l'organisme. Il est essentiel d'inspirer profondément et régulièrement pour approvisionner efficacement les poumons en qi de qualité. De nombreux individus ont malheureusement de mauvaises habitudes respiratoires, font peu d'exercice et vivent dans un environnement pauvre en air pur. Le corps, affaibli, est alors prédisposé aux rhumes et aux coups de froid.

L'énergie qui vient de la nourriture (le qi nutritif) se libère dans l'estomac, se transforme dans la rate puis est distribuée à tous les organes vitaux. Les aliments hautement chargés en énergie sont ceux qui ont poussé de façon naturelle, ont été récemment cueillis et sont consommés crus ou à peine cuits. La nourriture réchauffée, trop cuite, aromatisée ou enrichie artificiellement, est pauvre en qi.

Le qi nutritif de l'air et des aliments s'associe aux divers fluides corporels ainsi qu'à d'autres substances pour fournir de l'énergie à tous les organes internes. Quant au qi protecteur, il entoure le corps et contribue à réguler sa température afin de le protéger contre le froid, la chaleur et l'humidité. Relié au système immunitaire, il participe à la résistance aux maladies.

Le système chinois place l'énergie mentale dans le cœur et lie les émotions au système digestif. Ainsi le stress provoque-t-il à la fois des problèmes cardiaques et des troubles digestifs. Savoir apaiser ses pensées, analyser calmement une situation et manger tranquillement permet de renforcer le qi mental et de maintenir l'équilibre émotionnel. En revanche, absorber du qi de mauvaise qualité ou en quantité insuffisante, en respirant de l'air pollué, en mangeant des aliments de mauvaise qualité ou en menant une vie agitée, est source de nombreuses maladies. Toutes les pratiques médicales, alimentaires ou martiales chinoises ont pour objet d'augmenter la quantité de qi de qualité et de s'assurer que l'énergie est conservée et employée à bon escient par l'organisme.

Si l'on sait nourrir et conserver son qi, on se maintiendra en bonne santé autant physique que mentale jusqu'à un âge avancé. D'ailleurs, les anciens maîtres taoïstes croyaient qu'un qi abondant était le secret de la longévité, et ils nourrissaient leur énergie vitale à l'aide de différentes pratiques respiratoires et sexuelles.

Nous naissons avec une certaine quantité d'énergie, le qi congénital. En vieillissant, l'affaiblissement de cette énergie se manifeste par des signes physiques naturels, comme le grisonnement des cheveux et les rides. Il est possible de ralentir ce processus en gardant une bonne circulation du qi dans son corps.

LE RÔLE DU QI, DU SANG ET DES FLUIDES CORPORELS

La rate, les reins, les poumons, le cœur et le foie assurent la transformation du qi dans l'organisme et contrôlent la distribution et la régulation de sa circulation dans les méridiens (voir p. 18-19). Ces organes sont nourris et humectés par le sang et par les fluides du corps, qui sont également en partie constitués de qi.

LES POUMONS

La quantité de qi que l'on trouve dans les poumons dépend de la propreté et de la teneur en oxygène de l'air inspiré. Une faible quantité de qi dans les poumons peut favoriser l'apparition de rhumes ou de troubles d'origine virale, ainsi qu'une mauvaise circulation et une sensation de fatigue. Les citadins et ceux qui travaillent régulièrement dans une atmosphère mal aérée sont particulièrement exposés à un manque de qi dans les poumons, que les exercices respiratoires et les techniques de relaxation pourront rééquilibrer.

LES REINS

Les reins conservent le qi congénital, directement issu de l'essence de vie ou jing. *Ce qi congénital nous est transmis à la naissance, et sa qualité comme sa quantité ne peuvent être que très faiblement augmentées. Il est donc essentiel de veiller à sa protection, d'autant qu'il diminue avec l'âge et est directement affecté par tous les abus, qu'ils soient de boissons alcoolisées, de nourriture, de travail ou d'activité sexuelle.*

LA RATE

La rate occupe une place très importante dans la médecine chinoise et joue un rôle essentiel dans de nombreuses fonctions vitales, y compris la digestion, les règles et même le contrôle de l'humeur. La santé de la rate et de l'estomac dépend de la qualité de la nourriture consommée et des habitudes alimentaires. La digestion est généralement meilleure lorsque la nourriture ingérée est riche en qi.

LES FLUIDES CORPORELS

Les fluides corporels, tels que la salive, les sucs digestifs, la sueur et les fluides spinaux, sont eux aussi influencés en qualité et en quantité par la nourriture, les boissons et la quantité du qi. Les fluides « propres » passent par les poumons avant de se disperser dans tout l'organisme pour y fournir humidité, lubrification et nourriture. Les fluides « sales » sont éliminés par la vessie et par les intestins.

LE SANG

Le sang transporte du qi nutritif et du qi congénital. Les deux énergies se mêlent dans le cœur, lui permettant de battre et de répandre le sang dans le corps. Le foie joue également un rôle essentiel dans ce processus, puisqu'il emmagasine le sang quand le corps se repose. Le sang contrôle le développement et le renouvellement des organes et des tissus. Sang et cœur abritent le mental et la conscience.

LES MÉRIDIENS : RIVIÈRES D'ÉNERGIE

Le qi circule dans l'organisme à travers un réseau de canaux appelés méridiens. Les méridiens sont invisibles, mais des mesures électriques fines permettent de déceler leur présence, et il semble qu'ils puissent être situés juste sous la peau.

Il y a douze méridiens principaux, dont la plupart correspondent à un organe du corps. Le qi circule dans une direction particulière le long des méridiens et suit un cycle complet, qui commence avec le méridien des poumons pour s'achever avec celui du foie (voir p. 19). Ainsi, l'énergie circule le long des méridiens vers tous les organes internes et passe de l'extérieur du corps vers l'intérieur, pour repartir ensuite vers l'extérieur.

Quand on est en bonne santé, le qi circule abondamment à travers tous les méridiens, dans la bonne direction. Mais si cette circulation se bloque ou se dérègle, une mala-

Cette sculpture japonaise en ivoire du XIXᵉ siècle montre un médecin prenant le pouls d'un patient.

die se déclenche. Il faut alors lever ces blocages pour recouvrer la santé. Le long des méridiens, certains endroits spécifiques permettent de réguler la circulation du qi dans le canal par pression du bout du doigt ou par l'emploi d'aiguilles comme en acupuncture. On peut aussi se servir d'exercices pour réguler la circulation du qi (voir p. 24-31).

Lorsque le niveau d'énergie qui circule dans un méridien n'est pas satisfaisant, l'organe correspondant s'affaiblit. Si le flux de qi devient trop faible dans le méridien du poumon, on s'essoufle. Inversement, un flux trop important irrite l'organe associé et peut déclencher une douleur. Une sensation de brûlure et une envie d'uriner de plus en plus fréquente associées à une cystite (infection de la vessie) indiquent généralement un excès de fonctionnement du méridien de la vessie.

LES POINTS DE PRISE DE POULS AU POIGNET

On peut déterminer la quantité de qi qui circule à travers un méridien en prenant le pouls. Dans le système chinois, il existe douze pouls, six par poignet, trois superficiels et trois profonds. Chaque pouls est en relation avec un méridien principal. Prendre le pouls consiste donc à placer les doigts sur les points correspondants des poignets, et à estimer le flux de qi à la fois superficiellement, à la surface de la peau, et plus profondément dans les tissus. Lorsque le flux de qi est satisfaisant, le pouls est régulier et vibrant ; s'il est insuffisant, le pouls est faible et difficile à localiser ; enfin s'il est en excès, le poux est trop plein et trop fort.

Les douze pouls du poignet le long de l'artère radiale témoignent du flux du qi dans les douze méridiens. Les pouls superficiels sont reliés aux méridiens yang, les plus profonds aux méridiens yin.

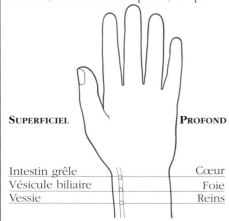

SUPERFICIEL	PROFOND
Intestin grêle	Cœur
Vésicule biliaire	Foie
Vessie	Reins

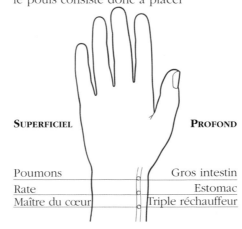

SUPERFICIEL	PROFOND
Poumons	Gros intestin
Rate	Estomac
Maître du cœur	Triple réchauffeur

LE RÉSEAU DES MÉRIDIENS

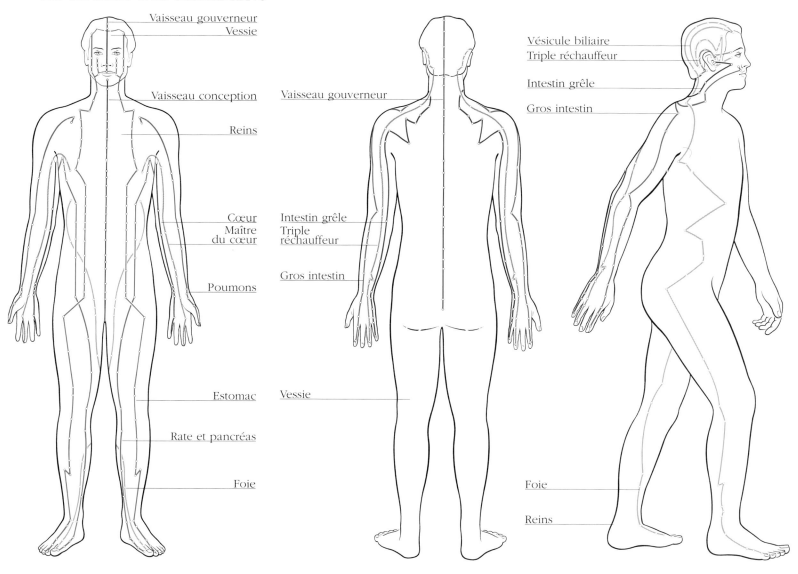

Vaisseau gouverneur
Vessie
Vaisseau conception
Reins
Cœur
Maître du cœur
Poumons
Estomac
Rate et pancréas
Foie

Vaisseau gouverneur
Intestin grêle
Triple réchauffeur
Gros intestin
Vessie

Vésicule biliaire
Triple réchauffeur
Intestin grêle
Gros intestin
Foie
Reins

Chaque méridien possède un canal de chaque côté du corps. Les méridiens fonctionnent par paires, un méridien yang et un yin (voir ci-contre). L'énergie yang vient du soleil et circule des doigts vers le visage et vers le corps. Les méridiens yang sont ceux du gros intestin, de l'estomac, de l'intestin grêle, de la vessie, du triple réchauffeur et de la vésicule biliaire. L'énergie yin vient de la terre et circule vers le corps, le visage et jusqu'au bout des doigts. Les méridiens yin sont ceux des poumons, de la rate, du cœur, des reins, du maître du cœur et du foie. Les vaisseaux gouverneur et conception sont des réservoirs d'énergie canalisée.

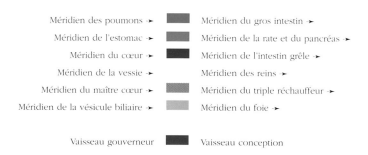

Méridien des poumons ➤ | Méridien du gros intestin ➤
Méridien de l'estomac ➤ | Méridien de la rate et du pancréas ➤
Méridien du cœur ➤ | Méridien de l'intestin grêle ➤
Méridien de la vessie ➤ | Méridien des reins ➤
Méridien du maître cœur ➤ | Méridien du triple réchauffeur ➤
Méridien de la vésicule biliaire ➤ | Méridien du foie ➤

Vaisseau gouverneur | Vaisseau conception

LE YIN ET LE YANG

L'énergie du qi se manifeste dans le corps et dans l'univers selon deux forces opposées mais complémentaires, le yin et le yang. C'est grâce à la dynamique créée par l'opposition et la complémentarité de ces deux forces qu'une réalité peut naître : on ne pourrait par exemple avoir de lumière sans obscurité, ni de jour sans nuit. Ainsi le yin et le yang sont-ils constamment en mouvement ; là où le yin abonde, le yang est rare, et lorsque le yin diminue, le yang aussitôt se développe.

La théorie du yin et du yang – et les divers modèles qu'elle a engendrés – fut exprimée pour la première fois dans l'un des textes classiques du confucianisme, le *Livre des mutations* (*Yijing* ou *Yi-King*). Dans cet ouvrage de divination, le yang, principe masculin, est représenté par une ligne continue, tandis que le yin, principe féminin, est représenté par une ligne brisée. Trois de ces lignes s'associent en huit

Dans le symbole du tao, l'énergie (qi), dans sa forme originelle, est représentée comme un cercle qui comporte les forces du yin et du yang en noir et blanc. Les huit trigrammes du Livre des mutations *entourent le symbole.*

trigrammes différents, symboles des permutations fondamentales des forces naturelles. On assimile traditionnellement les huit trigrammes à une sorte de famille. Celui qui réunit trois lignes yang représente le père ou le ciel, archétype yang de la création, principe actif. Celui qui réunit trois lignes yin représente la mère ou la terre, archétype yin de la réceptivité, principe passif. Les six autres trigrammes sont les six enfants de la famille (trois filles et trois fils) : le lac, le feu, le tonnerre, le vent, l'eau et la montagne. Chacun des huit trigrammes correspond également à une direction et à une époque de l'année, et, pris collectivement, ils représentent tous les états fondamentaux de l'existence qu'il est possible de trouver dans le cosmos.

Le yin et le yang, qui sont des forces relatives, ne peuvent exister l'un sans l'autre. Cette interdépendance s'illustre, dans le symbole fameux du tao, par la

LES CINQ ÉLÉMENTS

Pour la cosmologie chinoise, les cinq éléments (eau, bois, feu, terre et métal) constituent la base de toute forme de vie. Ils se conjuguent dans une boucle dynamique circulaire d'engendrement et de destruction. L'eau peut ainsi soutenir le bois comme lors de la croissance des arbres, mais peut détruire et éteindre un feu. Les cinq éléments s'associent aux saisons, aux couleurs, aux organes internes, aux goûts et aux émotions. Le bois, par exemple, est en relation avec le printemps, la couleur verte, le foie, la saveur acide et la colère.

Le qi de l'homme peut également se répartir selon les cinq éléments, ce qui permet de comprendre à la fois la santé et la maladie. Si l'on a trop d'énergie « bois », on sera irascible et prédisposé aux problèmes de foie, alors que si l'on manque d'énergie « eau », on aura la peau sèche, les pieds et les paumes chaudes. L'équilibre des cinq éléments signifie santé et mental harmonieux.

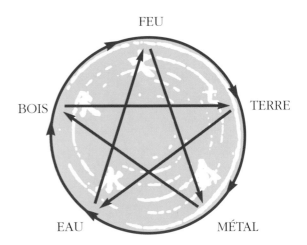

Les flèches du cercle décrivent le cycle d'engendrement des cinq éléments (l'eau nourrit le bois, qui nourrit le feu…), et les flèches intérieures, celui de destruction (l'eau éteint le feu, qui fait fondre le métal…).

présence d'une graine noire là où le blanc domine, et d'une graine blanche là où le noir domine. Ainsi toute chose possède-t-elle à la fois un aspect yin et un aspect yang et peut-elle se diviser ensuite selon des parties yin et yang. Par exemple, on peut diviser le temps en jours (yang) et en nuits (yin), mais on peut diviser un jour en matin (yang) et après-midi (yin). De même, on considère la lune yin, mais le clair de lune est yang comparé à l'obscurité de la nuit.

Le yin, associé au féminin, à l'obscurité, à la conservation, à l'intériorisation et au froid, est représenté dans la nature par la lune et l'eau, et correspond dans le corps au sang et à tout ce qui est intérieur. Le yang, associé au masculin, à la lumière, à l'activité, à l'extériorisation et à la chaleur, est représenté dans la nature par le soleil et le feu, et correspond dans le corps à la circulation de l'énergie vitale et à tout ce qui est extérieur.

LES CYCLES DANS LA PENSÉE CHINOISE

Selon la théorie du yin et du yang, toutes les énergies du monde sont reliées entre elles et en constante circulation, ce qui explique la succession des saisons et le passage quotidien du soleil dans le ciel. On considère le milieu de l'hiver et minuit comme les points culminants du yin, auxquels succède une augmentation de l'énergie yang, se manifestant par des propriétés telles que la chaleur et la lumière, respectivement jusqu'au milieu de l'été et midi, presque totalement yang. Immédiatement, l'énergie yin, sombre et froide, commence alors à s'accroître, tandis que l'énergie yang se met à décliner. Ces principes régissent aussi nos corps. Il importe donc de vivre en harmonie avec ces énergies, en adaptant l'intensité de nos activités aux saisons et en soignant notre alimentation.

On peut analyser les paysages en termes de yin et de yang et en fonction de la théorie des cinq éléments. Comme pour toute chose, l'équilibre énergétique des paysages change selon le moment de la journée, le mois et la saison. Ils possèdent toutefois des caractéristiques fondamentales. La roche, comme cette formation calcaire de Kunming, dans le Yunnan, en Chine, possède une énergie puissante, souvent éruptive, associée à l'élément métal. Ici, on a canalisé cette énergie vers le haut en conférant une forme triangulaire au toit.

INTRODUCTION AU QIGONG

Qigong est un mot composé formé des caractères *qi* et *gong*. *Qi* fait référence à l'énergie subtile qui donne force et vitalité au corps : si l'on considère chaque être vivant comme une création de la Nature, alors le qi est la force qui relie tous les êtres entre eux. *Gong* fait référence au travail et au temps passé. Un calligraphe qui, jour après jour, trace des caractères, pratique le *bigong* (où *bi* signi-

fie pinceau). On appelle *wugong* (où *wu* signifie martial) l'entraînement et les exercices d'un pratiquant d'arts martiaux. De même, les adeptes taoïstes qui tentent d'harmoniser les énergies yin et yang à travers leur activité sexuelle s'exercent à une forme de gong, tout comme ceux qui passent beaucoup de temps à préparer, boire et apprécier le thé. Il serait facile en Occident de trouver des adeptes du café-gong! En conclusion, qigong désigne le travail de l'énergie.

Le qigong et ses précurseurs sont de longue tradition en Chine – on rapporte qu'il y a plus de cinq mille ans, les Chinois imitaient des gestes d'animaux pour se préserver du froid et de l'humidité en hiver. Savants bouddhistes, confucianistes et taoïstes, médecins et pratiquants d'arts martiaux ont, au cours des années, développé et affiné le qigong. De nos jours, plus de 60 millions de Chinois l'utilisent pour se soigner et se maintenir en bonne santé, et l'Occident commence à l'adopter.

Le qigong possède deux caractéristiques fondamentales : il est subtil – parce que la nature du qi n'est ni tangible ni substantielle –, et interne – parce l'énergie doit être concentrée à l'intérieur de nous-mêmes. Sa pratique nécessite beaucoup d'attention et de sensibilité. Pratiquer le qigong, c'est s'engager à effectuer des exercices tous les

En Chine, on appelle bigong *la pratique de la calligraphie au pinceau. Ce moine s'applique à perfectionner son art au temple bouddhiste de Fayuan Si, à Pékin.*

LI BAI ET LA VIEILLE FEMME

Les Occidentaux ont parfois du mal à comprendre ce qu'est le « gong ». L'histoire traditionnelle suivante en illustre le concept.

Quand il était enfant, Li Bai n'aimait pas étudier et préférait passer le plus clair de son temps à jouer. Un jour, sur les berges d'une rivière, il rencontra une vieille femme qui frottait une grosse barre de fer. Curieux, il lui demanda ce qu'elle faisait. « Je fabrique une aiguille, répondit-elle. – Comment pouvez-vous fabriquer une aiguille avec une si grosse barre de fer? demanda Li Bai, intrigué. – Eh bien, avec suffisamment de "gong", il est possible de transformer une barre de fer en aiguille. » Li Bai fut si impressionné par la détermination de la vieille femme qu'il se remit à l'étude avec assiduité et devint l'un des plus grands poètes de toute l'histoire de la Chine.

jours pendant plusieurs heures. Il est facile d'essayer une fois, pas si difficile d'être régulier sur quelques jours. En revanche, s'engager dans une pratique quotidienne de plusieurs heures exige de grandes qualités de patience et de constance.

On peut répartir en quatre catégories les méthodes fondamentales destinées à développer l'énergie du corps : les postures, les mouvements énergétiques, la respiration et la méditation. Le qigong enseigne des postures debout, assises et couchées servant à ouvrir et à unifier le corps. Les mouvements énergétiques – se secouer, tourner, s'étirer, se masser, frapper, pousser – permettent de développer la synchronisation et la coordination. Observer la qualité de son souffle permet de rendre celui-ci profond, doux, lent et calme. La méditation relaxe le corps et repose le mental.

De nombreux styles et écoles de qigong se sont développés au fil des années, et il existe des (qi) gong bouddhiste, taoïste, médical et martial. Les écoles le plus largement pratiquées en Chine sont les (qi) gong du parfum, de la grue volante, du mental en mouvement et de la voie du milieu.

Les exercices de qigong proposés dans cet ouvrage sont ceux qu'enseigne Zhixing Wang, un expert en *hua gong*, un style qui met surtout l'accent sur la santé, l'autoguérison, la bonne forme physique, la clarté et le développement spirituel. *Hua* désigne la

Cette illustration sur soie du Daoyin Xing Qi Fa *montre un homme réalisant un exercice d'énergie.*

transformation – « hua gong est comme l'apparition d'un arc-en-ciel ». Si l'on pratique avec assiduité et avec ouverture d'esprit le hua gong, on peut faire l'expérience d'une transformation intérieure. Pour certains, le changement est très rapide, et il n'est pas rare de sentir une nette amélioration de l'état mental après un court stage de hua gong. Les exercices suivants servent d'introduction au style, mais les débutants tireront toujours profit d'une véritable initiation auprès d'un expert. Enfin les femmes enceintes ne peuvent pratiquer le qigong sans l'avis et les conseils d'un spécialiste.

De nombreux Chinois pratiquent le qigong, le tai-chi ou d'autres exercices destinés à fortifier l'énergie de leur corps. Cette photo a été prise devant le temple du Ciel à Pékin.

SENTIR LE QI

Le qi est une énergie subtile difficile à expliquer, et la meilleure façon de comprendre ce dont il s'agit est encore de le ressentir par soi-même. Si vous voulez apprendre, il est préférable de vous adresser à un maître de qigong qui saura vous aider à ressentir votre énergie interne, mais vous pouvez également essayer les exercices suivants. Il s'agit de postures et de mouvements fondamentaux qui devraient vous permettre de ressentir le qi dans vos mains, ainsi que d'équilibrer et de renforcer sa circulation à travers votre corps. Les postures et mouvements du qigong agissent en effet comme des clés capables de nous ouvrir à l'énergie plus vaste de l'univers. Une fois le contact établi, le qi peut circuler naturellement dans le corps, et les exercices deviennent plus faciles. Il se peut que vous rencontriez des difficultés à établir ce contact : il ne faut pas vous décourager mais toujours garder à l'esprit que, depuis de nombreuses générations, d'autres ont pratiqué le qigong et en ont tiré de nombreux bienfaits.

Choisissez deux des exercices suivants et pratiquez-les tous les jours. À la fin de votre séance, détendez tout votre corps en le secouant doucement. De la paume de la main, tapotez-vous la tête, le tronc et les côtés. Puis concentrez-vous sur vos pieds, secouez-les quelques minutes, courez ensuite sur place en continuant à prendre conscience de la terre. Secouez tout votre corps une dernière fois et cherchez à sentir votre mental clair et reposé.

LA POSTURE DE BASE

Beaucoup d'exercices de qigong commencent par la posture de base, destinée à faciliter la circulation du qi dans le corps. Vous devez chercher à bien ressentir le lien entre vos pieds et la terre, le corps et la tête bien droits et bien relâchés. Vous pouvez méditer dans cette position aussi longtemps que vous le souhaitez. Vous pouvez fermer les yeux pour tourner plus facilement votre regard vers l'intérieur. Oubliez tout ce qui se trouve autour de vous, videz votre mental et sentez que vous ne faites rien d'autre que vous tenir debout calmement. Faites comme si le temps s'était arrêté et que tous vos soucis et vos problèmes s'étaient dissipés. Apaisez le mental et appréciez les sensations de paix, de calme et de tranquillité.

Tenez-vous debout, pieds parallèles et écartés de la largeur du bassin. Pliez légèrement les genoux et contractez doucement vos muscles abdominaux de façon à faire tourner votre bassin vers l'avant. Gardez la tête droite, comme si elle était suspendue à un fil, et laissez légèrement descendre le menton pour relâcher le cou et le visage.

Baissez les épaules et laissez vos bras pendre de chaque côté de façon à laisser l'air circuler sous vos aisselles. Détendez-vous comme si votre centre de gravité vous attirait profondément vers la terre, tandis que votre corps devient léger.

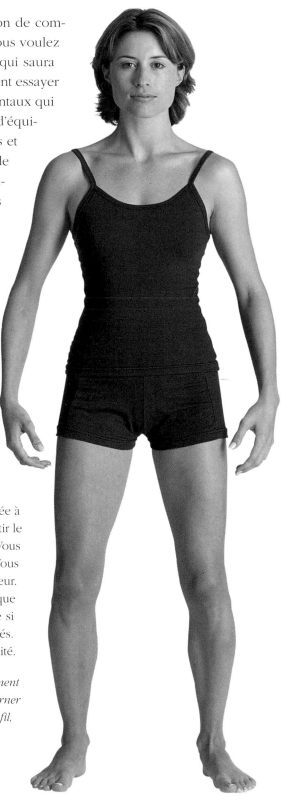

SENTIR UN BALLON D'ÉNERGIE ENTRE SES MAINS

Cet exercice vous aidera à sentir l'énergie se concentrer entre vos mains. Plus vous le pratiquerez, et mieux vous sentirez le qi. Persévérez, même si vous n'êtes pas sûr de le ressentir : le qi va s'accumuler et s'intensifier. Vous aurez peut-être des fourmillements dans les doigts, une sensation de chaleur dans les mains ou l'impression de porter quelque chose. Avec de la pratique, vous sentirez de l'énergie entre vos mains dès que vous les placerez dans cette position. Vous réussirez peut-être également à ressentir dans votre abdomen la présence de ce ballon d'éner-gie émanant du centre énergétique que les Chinois appellent dantien bas, et qui se situe à peu près – mais sa position précise varie en fonction des gens – à trois doigts en dessous du nombril, très à l'intérieur du corps, près de la colonne vertébrale. Pour les Chinois, il s'agit du siège de notre être. On l'appelle parfois le « fourneau ardent », parce que c'est à partir de ce point que l'énergie vitale s'embrase. Le dantien a besoin d'être entretenu régulièrement par des exercices comme celui décrit ci-dessous.

1 *Mettez-vous dans la posture de base. Placez vos mains devant votre abdomen, les paumes se faisant face. Imaginez que vos mains encerclent un ballon d'énergie qui émane de votre dantien bas. Restez deux minutes dans cette position.*

2 *Écartez lentement les mains de la largeur de vos épaules. Imaginez que le ballon d'énergie se dilate entre vos mains, et laissez-les doucement s'écarter l'une de l'autre. Restez dans cette position une minute, en vous concentrant sur la sensation d'énergie.*

3 *Ramenez vos mains l'une vers l'autre. Imaginez que le ballon d'énergie se contracte. Répétez cet exercice, en cherchant à améliorer votre conscience des changements de sensation dans vos mains lorsqu'elles s'écartent et se rapprochent. Vous pouvez aussi ressentir dans votre abdomen la sensation du rythme de l'expansion et de la contraction de l'énergie.*

4 *Contractez le ballon d'énergie jusqu'à ce qu'il s'insère dans votre abdomen. Placez vos mains l'une sur l'autre et posez-les sur celui-ci. Le ballon se contracte encore ; imaginez qu'il devient une petite lumière dans votre dantien bas. Relâchez et secouez les mains.*

RENFORCER LA CIRCULATION D'ÉNERGIE

La pratique du qigong aide l'énergie à circuler librement dans le corps. Avec cet exercice léger et aisé, vous apprendrez à vous sentir chargé d'énergie, plus en harmonie et plus « clair ».

Généralement, ses effets viennent avec la pratique et la répétition, mais fiez-vous à votre bon sens et ne dépassez pas vos limites. Inversement, n'abandonnez pas par paresse et persévérez : la qualité de l'exercice changera et vous pourrez continuer avec plaisir. Au cours de cet exercice, vos mains ne se touchent pas, mais, à force de pratique, vous devriez progressivement devenir capable de sentir l'énergie circuler entre elles et à travers tout votre corps. Il est possible d'exécuter cette séquence lentement et de façon méditative, ou plus rapidement, en mettant l'accent sur le mouvement.

1 Mettez-vous debout dans la posture de base (voir p. 24). Levez les mains en les plaçant face à l'abdomen, les doigts légèrement recourbés et tournés vers le bas. Ramenez les mains plus haut vers la poitrine et tournez-les vers vous.

2 Tout en gardant les épaules relâchées, ouvrez les bras et étirez-les sur les côtés. Puis, les paumes tournées vers l'avant, levez les bras au-dessus de la tête. Étirez-vous autant que possible vers le haut, en soulevant les talons, si nécessaire.

3 Baissez les bras derrière la tête, les mains formant comme un berceau pour la base du crâne. Vous devez sentir le lien énergétique ainsi créé entre vos mains et votre tête.

6 *Faites glisser vos mains vers vos hanches puis le long de vos jambes par l'extérieur vers le sol. Faites-leur faire le tour de la pointe de vos pieds, puis remontez par l'intérieur des cuisses jusqu'à l'abdomen.*

Recommencez vingt fois cette séquence. Vous pourrez ensuite aller jusqu'à cent.

FIN DU MOUVEMENT

La dernière fois que vous amènerez les mains derrière la tête, continuez à les baisser, paumes vers le bas. Imaginez que vous repoussez l'énergie, à travers votre corps et vos jambes. Ne vous penchez pas. Quand vos bras seront presque étirés, gardez la position trois minutes, les paumes toujours vers le bas. Essayez de sentir que vos mains reposent sur vos pieds. Balancez les bras devant vous en imaginant que vous coupez les liens entre vos bras et vos jambes. Recommencez neuf fois. Terminez en secouant légèrement tout votre corps.

4 *Continuez à descendre les mains derrière le cou et par-dessus les épaules. Tournez-les et descendez toujours, les paumes dirigées vers l'intérieur et les doigts pointés vers la colonne vertébrale. Descendez jusqu'en bas de la cage thoracique.*

5 *Amenez les mains derrière le dos et placez-les de chaque côté de la colonne vertébrale, juste au-dessus de la taille, en dessous des côtes flottantes, les paumes sur les reins.*

Contrôler les blocages des méridiens

Le flux d'énergie qui circule dans le corps le long des méridiens est le plus souvent obstrué en divers endroits (voir p. 18-19). Nous n'en avons généralement pas conscience, mais ces blocages peuvent finir par provoquer douleurs et gêne. Un acupuncteur pourra alors utiliser des aiguilles pour rétablir la bonne circulation de l'énergie (voir p. 103).

Cet exercice poursuit le même but que les aiguilles de l'acupuncteur. Il permet de faire circuler l'énergie dans tous les méridiens, de façon systématique. Si vous rencontrez un blocage localisé, concentrez-vous dans la zone concernée jusqu'à ressentir une amélioration de la qualité du flux d'énergie. Suivez cet exercice en respectant l'ordre proposé. Choisissez ensuite les zones qui requièrent plus d'attention et recommencez les étapes concernées.

1 Secouez bien votre corps et haussez les épaules pour les détendre. Tapotez votre tête du bout des doigts puis massez-la sur toute sa surface, en un mouvement de lissage, avec la paume de la main. Frappez doucement l'épaule gauche. Massez de haut en bas l'extérieur du bras gauche jusqu'au petit doigt, dix fois, pour améliorer la circulation dans les méridiens du cœur et de l'intestin. Recommencez de l'autre côté.

2 Frappez-vous doucement du bout des doigts le haut de la poitrine, de chaque côté du sternum. Cela vous aidera à désencombrer la poitrine et à renforcer les poumons et le système respiratoire.

3 *Massez-vous le sternum vers le bas, les mains tournées et les doigts dirigés vers la colonne vertébrale. Ce mouvement agit sur les méridiens centraux et équilibre les énergies yin et yang (voir p. 20-21). Recommencez les séquences 2 et 3 dix fois.*

4 *Frappez doucement vos hanches, puis massez l'extérieur des cuisses vers le bas, jusqu'aux pieds (au besoin, pliez les genoux). Ce mouvement vous aidera à lever des blocages des méridiens de la vésicule biliaire et de la vessie qui s'associent lors de douleurs lombaires, de sciatique, de règles douloureuses et de maux de tête. N'appuyez pas trop sur les hanches pour ne pas irriter le nerf sciatique.*

5 *Redressez-vous en ramenant les mains par l'intérieur des jambes. Massez-vous encore dix fois les jambes vers le haut, puis vers le bas. Tenez-vous dans la posture de base quelques minutes. Passez enfin la main droite le long du bras gauche, de la pointe de l'épaule jusqu'au-delà des doigts, à 10 cm de la peau. Recommencez avec l'autre bras et répétez l'ensemble dix fois. Secouez légèrement tout votre corps.*

ATTEINDRE ET MAINTENIR L'ÉQUILIBRE

L'équilibre a une grande importance dans la pratique du qigong. Il faut toujours veiller à rester équilibré lorsqu'on se tient debout, quand on marche ou quand on se penche. Certaines personnes vivent des années avec une épaule plus haute que l'autre, ou en faisant systématiquement porter tout le poids de leur corps sur le même pied, ce qui risque d'abîmer leur squelette et d'entraver le développement de leurs muscles.

Prendre conscience de son corps, c'est aussi apprendre à mieux se contrôler et à être mieux centré. Cet exercice est destiné à rééquilibrer les deux côtés du corps, de façon à obtenir une posture symétrique. L'énergie circule alors de façon égale des deux côtés et le corps devient plus souple. Quand vous vous étirez vers l'extérieur, cherchez à sentir les deux moitiés de votre corps et tentez d'en visualiser la ligne médiane : c'est le canal central, dont l'ouverture commande la circulation énergétique dans tout le corps.

Pratiquez cet exercice en vous efforçant de ressentir les liens d'énergie créés entre vos mains et votre corps. Quand vous vous étirez, essayez de percevoir l'énergie qui s'écoule le long de vos bras et imaginez que tout votre corps s'ouvre en deux.

1 *Mettez-vous debout, les pieds parallèles, écartés de la largeur du bassin. Relâchez les genoux et poussez légèrement le bassin vers l'avant. Gardez la tête droite. Recourbez les doigts et pointez-les vers la poitrine, de chaque côté du sternum.*

2 *Sans bouger les pieds, étirez largement les bras de chaque côté du corps, comme si vous dérouliez un rouleau. Essayez de ressentir l'énergie dans l'espace médian compris entre les deux moitiés de votre corps. Gardez les épaules détendues.*

3 *Repliez les bras, les doigts pointés vers la colonne vertébrale, et penchez la tête vers l'avant. Concentrez-vous sur l'étirement des épaules. Étirez les bras comme précédemment et recommencez quinze fois en terminant par la position de départ.*

FAIRE TOURNER LE BALLON D'ÉNERGIE DANS L'ABDOMEN

Cet exercice se sert de l'énergie qui existe entre les paumes des deux mains pour tenter d'accumuler et de conserver le qi dans le dantien bas (voir p. 25), le centre d'énergie situé dans l'abdomen. En faisant rouler un ballon d'énergie devant votre abdomen, vous augmentez la quantité de qi de l'organisme. Cet exercice est particulièrement indiqué en cas de fatigue, d'anémie ou, plus généralement, de manque d'énergie. Il faut se concentrer sur le dantien bas et sentir l'énergie s'accumuler.

2 *Inspirez par le nez et expirez par la bouche. Tournez lentement les mains et faites tourner le ballon d'énergie. Imaginez que vous le faites pénétrer à l'intérieur de votre corps.*

3 *Poursuivez le mouvement de rotation des mains jusqu'à ce qu'elles se trouvent sur le dessus du ballon d'énergie, juste sous votre cage thoracique. Tournez les mains, pouces vers le bas, vers l'arrière du ballon.*

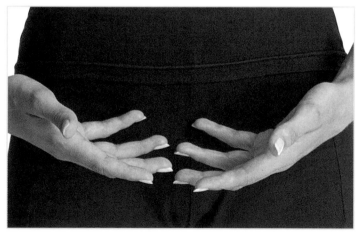

1 *Placez-vous dans la posture de base (voir p. 24), les mains devant le bassin, les paumes vers le haut, les doigts se touchant presque. Tentez de percevoir le lien d'énergie qui relie vos deux mains, ainsi que l'énergie accumulée dans le dantien bas. Restez dans cette position deux minutes, en imaginant que cette énergie augmente et remplit un ballon placé entre vos mains.*

4 *Quand vos mains seront le plus bas possible, devant le bassin, retournez-les encore pour les placer sous le ballon d'énergie. Refaites tourner le ballon encore une trentaine de fois. Enfin, avec les mains dans la position 1, imaginez que le ballon se contracte en une minuscule lueur à l'intérieur de votre dantien bas. Secouez les mains à la fin de l'exercice.*

L'ÉNERGIE DANS LA TRADITION JAPONAISE

La conception japonaise de l'énergie a été influencée par le taoïsme et par différentes disciplines originaires de Chine, tout en restant intimement liée aux traditions religieuses shintoïstes et bouddhistes locales. La synthèse japonaise met essentiellement l'accent sur le travail de l'énergie et sur les bienfaits physiques, mentaux et spirituels qu'il est possible d'en tirer.

Les Japonais sont particulièrement attentifs au respect des harmonies et des équilibres, que ce soit en chacun des individus ou bien entre les individus et leur environnement. La plus ancienne religion japonaise, le shinto (« voie des dieux »), enseigne que les dieux ou *kami* peuvent habiter toute chose : les êtres humains, les animaux, les arbres, les roches ou les montagnes. C'est pourquoi les Japo-

Détail du jardin de roches du temple zen Ryoan-ji, bâti au XVᵉ siècle à Kyoto, au Japon.

nais manifestent un grand respect pour la nature et tentent d'en comprendre le fonctionnement, que ce soit sur le plan universel, au sein du macrocosme, ou bien sur le plan individuel, au sein du microcosme.

Les Japonais ont hérité de la conception chinoise qui considère l'énergie comme l'essence de l'univers. Eux aussi distinguent les forces opposées mais complémentaires du yin et du yang (voir p. 20). Mais les Japonais mettent plus l'accent sur l'influence des cinq éléments fondamentaux composant tous les phénomènes naturels – l'eau, le bois, le feu, la terre et le métal. Dans le corps physique, la diversité de cette énergie se manifeste dans les organes internes, le système des méridiens énergétiques et les centres d'énergie – que les Indiens nomment chakras (voir p. 44).

Les mystères de l'univers, y compris le concept d'opposition-complémentarité du système du yin et du yang, se retrouvent illustrés en particulier dans les jardins zen,

véritables supports de méditation. En scrutant un sol de gravier ratissé ou un paysage aride semé de quelques roches, un moine bouddhiste en méditation peut soudain saisir le lien essentiel entre matière et vide, permanence et « impermanence », relatif et absolu.

L'équivalent japonais du qi chinois est le ki, qui désigne l'énergie circulant dans les méridiens du corps, et que l'on peut traduire par force vitale, énergie essentielle et intangible qui infiltre toute chose. En japonais, ki constitue la racine de nombreux mots : *genki*, littéralement « ki de l'origine », désigne un individu en bonne santé ; *byoki*, littéralement « ki détérioré », désigne un individu malade ; *tenki*, littéralement « ki du ciel », signifie le temps qu'il fait, etc.

Selon la médecine traditionnelle japonaise, le ki ou esprit vital réside dans l'abdomen ou *hara*. L'énergie est centrée, de façon plus spécifique, en un point, le *tanden*, situé à trois doigts sous le nombril, ce qui correspond au dantien bas chinois (voir p. 25). C'est là que tous les processus vitaux s'amorcent, là également que chaque méridien est représenté, aussi est-il tout à fait vital d'y conserver l'énergie. C'est la raison pour laquelle les mouvements s'effectuent toujours, que ce soit dans les arts martiaux ou dans les arts de santé, en prenant le tanden comme centre.

Les différents systèmes d'exercices d'autorégulation (comme le do-in), les techniques médicales traditionnelles (telles que le shiatsu) et les arts martiaux (kendo, aïkido, judo, etc.) ont tous pour ambition de faciliter et d'améliorer la libre circulation du ki dans l'organisme, en vue de renforcer le corps et l'esprit, de prévenir la maladie et de favoriser le développement personnel.

ÉNERGIE ET ARTS MARTIAUX

Il existe deux grands types d'arts martiaux : ceux qui se pratiquent avec des armes et ceux qui se pratiquent à mains nues. Parmi les premiers on trouve par exemple le *kyudo* (tir à l'arc) ou le *kendo* (escrime) ; les autres utilisent le corps comme moyen d'attaque et de défense.

Traditionnellement, l'entraînement des guerriers japonais reposait sur le tir à l'arc, le maniement du sabre et la lutte à mains nues. Ils devaient aussi savoir nager revêtus d'une cuirasse. Quelques-uns de ces guerriers étaient des *ninjas,* des pratiquants de *ninjutsu,* l'art du camouflage et des déplacements furtifs, maîtrisé par les espions militaires du Japon médiéval.

Les dérivés modernes de ces formes de lutte, comme le *judo,* le *sumo* et le *karaté,* sont devenus populaires dans le monde entier, de même que les formes d'autodéfense non agressives comme l'*aïkido* et le *hapkido.*

Au Japon, où l'influence du bouddhisme zen et du taoïsme est importante, on pratique les arts martiaux non seulement pour apprendre à se défendre, mais aussi pour renforcer son énergie et évoluer spirituellement. En suspendant le questionnement incessant et la rationalisation envahissante du mental, il est possible d'atteindre un état supérieur de conscience qui rende le corps et l'esprit capables de fonctionner ensemble en une harmonie d'intention et d'action.

De nombreux adeptes du taoïsme et du bouddhisme zen intègrent la pratique des arts martiaux à leur entraînement philosophique et spirituel.

Au Japon, les archers apprenaient à ne faire qu'un avec leur arc, tout en restant détachés du résultat de leur tir. On obtient cet état d'absence de pensée, appelé mushin, *par l'équilibre interne du mental et la maîtrise externe du corps.*

Cette peinture de la période Momoyama (1573-1616) montre un samouraï, des moines et des citadins lors d'une compétition de tir à l'arc.

LE DO-IN

Le terme japonais *do-in*, qui peut se traduire par « auto-régulation », fait référence à un ancien système d'exercices destinés à favoriser le développement harmonieux du corps, du mental et de l'esprit. Ce système est originaire de Chine mais s'est ensuite développé au Japon, nouant notamment des liens particuliers avec certaines pratiques religieuses et ésotériques locales.

Ces exercices sont uniques parce qu'ils permettent une pratique intuitive et puissante, sans l'aide de quiconque ni équipement spécial. Ils visent à développer non seulement la santé du corps, mais aussi le potentiel du mental et l'esprit. Leur but ultime est d'améliorer la société et le monde.

Il est possible de pratiquer le do-in n'importe quand et n'importe où, aussi est-il facile d'inscrire ces exercices dans ses habitudes quotidiennes. Certains exercices supposent l'immobilité et l'introspection, et permettent de développer la conscience individuelle et les facultés mentales. D'autres comportent des séquences marchées ou dansées, et doivent être pratiqués quotidiennement pour stimuler la circulation du ki et augmenter la vitalité.

Détail du Daibutsu ou « Grand Bouddha » de bronze de Kamakura, au Japon. Fondu en 1252, il mesure 11 m de hauteur et représente le Bouddha Amida, qui gouverne la Terre pure, le paradis bouddhiste.

LE BOUDDHISME TENDAI

C'est un moine du nom de Saicho qui introduisit au VIIIe siècle le bouddhisme Tendai au Japon. Il érigea le premier temple de la secte au sommet du mont Hiei, à l'est de Kyoto. Le mont Hiei devenait ainsi doublement sacré, puisqu'il était déjà révéré dans la tradition shintoïste comme un des hauts lieux de manifestation de l'esprit divin.

L'enseignement de Saicho reposait sur trois principes fondamentaux. Selon lui, tout d'abord, l'espoir d'atteindre un jour l'état de bouddhéité ne devait plus être réservé aux seuls lettrés, minorité aisée et cultivée, mais consistait

désormais en un chemin ouvert à tous les hommes. Il lui paraissait ensuite essentiel que tous les moines consacrent au moins douze mois à la pratique de la concentration et de l'introspection dans le silence d'un monastère – une exigence plutôt rude qui mettait l'accent sur la nécessité d'aspirer à l'harmonie intérieure. Enfin Saicho pensait que les moines avaient le devoir d'encourager la loyauté et la fierté nationale de leurs disciples.

Carte de l'époque d'Edo (1603-1867) signalant sanctuaires et temples bouddhistes Tendai sur le mont Hiei.

Le fondement céleste (*Tendai*)

Cet exercice permet d'unifier dans le corps les énergies du ciel et de la terre. Sa pratique quotidienne développe la confiance, la volonté et le calme. En mettant en contact l'index et le pouce de chaque main, on symbolise l'union de l'individuel « je » (l'index) avec l'universel « un » (le pouce). La colonne vertébrale redressée laisse l'énergie circuler librement depuis les centres d'énergie de la tête vers le tanden, siège de la vitalité. Le tanden, ou dantien bas du système chinois, se situe approximativement à trois doigts au-dessous du nombril. Il correspond au second chakra (voir p. 45).

Si la position agenouillée est trop inconfortable, il est possible de placer une petite couverture ou une serviette roulée sous ses cuisses. On peut aussi s'installer sur une chaise, les genoux légèrement écartés et les pieds posés à plat au sol.

Mettez-vous à genoux, jambes légèrement écartées, les gros orteils se chevauchant et les fesses entre les talons (cette position des talons facilite la circulation et évite l'engourdissement). Posez les paumes sur les cuisses, les mains légèrement orientées vers l'intérieur et les pouces repliés pour effleurer les index. Gardez la colonne vertébrale bien droite pendant tout l'exercice.

Fermez les yeux et détendez-vous. Dirigez votre attention vers l'intérieur de votre corps, vers l'espace énergétique du tanden.

Inspirez profondément par le nez et guidez le souffle vers l'abdomen, qui doit alors se gonfler légèrement. Retenez l'air une ou deux secondes, contractez l'abdomen et expirez par le nez. Répétez cette respiration lente et rythmée pendant plusieurs minutes. Lorsque vous inspirez, concentrez-vous sur le passage de l'énergie vers le bas de l'abdomen. Lorsque vous retenez l'air et que vous expirez, abaissez encore votre point de concentration, en tentant de bien ressentir votre lien avec la terre.

Ouvrez les yeux, étirez les bras au-dessus de la tête, puis relâchez-les de chaque côté du corps et étirez vos jambes.

Le shiatsu

Le *shiatsu*, « pression digitale », est une forme de massage thérapeutique et de manipulation qui s'est développée au Japon au cours des cent dernières années. Il consiste en des pressions exercées sur les lignes de méridiens et sur les points d'acupuncture pour réguler la circulation du ki. On peut exercer ces pressions sur les pouces, le bout des doigts, les paumes, les coudes, les genoux et même les pieds.

Au Japon, le shiatsu est une thérapie reconnue, destinée à prévenir et à traiter les maladies. Traditionnellement, de nombreux experts étaient aveugles et possédaient un sens du toucher particulièrement développé. De nos jours, certains praticiens ont intégré des éléments de kinésithérapie (physiothérapie) et de massage occidental à leur art, en constante évolution. Le diagnostic s'établit en étudiant la circulation du ki aux points d'acupression, le long des méridiens, sur l'abdomen et les poignets. Comme en acupuncture, on repère douze points d'examen du pouls, six sur chaque poignet (voir p. 18), qui correspondent à

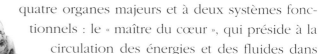

Les bienfaits du massage sont connus depuis longtemps au Japon, comme le suggère ce netsuke datant du XVIIIe siècle.

quatre organes majeurs et à deux systèmes fonctionnels : le « maître du cœur », qui préside à la circulation des énergies et des fluides dans l'organisme, et le « triple réchauffeur », qui participe à la régulation thermique, ainsi qu'aux fonctions endocrines et sexuelles.

Le traitement comprend des pressions fermes et continues exercées aux points d'acupuncture ou le long des méridiens, ainsi que des massages de l'abdomen. Il s'agit d'ouvrir les points d'acupuncture, de débloquer les méridiens, de stimuler les fonctions vitales et même d'agir directement sur le système nerveux ou immunitaire.

Il est possible de pratiquer quelques manœuvres de shiatsu sur soi-même, mais la plupart doivent être exécutées par un praticien. Les experts en shiatsu ont une formation spécifique et possèdent également des éléments d'acupuncture ou de kinésithérapie. Il reste que certaines techniques simples peuvent être facilement assimilées et qu'il est possible d'en tirer le plus grand bénéfice.

Les points d'acupression sur les bouts des doigts

À l'extrémité de chacun des doigts se trouve le point de départ ou d'arrivée d'un méridien essentiel. Le méridien de l'intestin grêle, par exemple, n'est pas simplement lié à la digestion, mais l'équilibre de l'énergie qui y circule permet de mieux comprendre ce dont le corps a, ou non, besoin. Le méridien du cœur nourrit le corps tout entier de sang autant que de ki. Le méridien du triple réchauffeur, dont la médecine occidentale ne reconnaît pas l'existence, guide le mouvement du ki et des liquides dans le corps. Le méridien du maître du cœur va protéger le cœur des perturbations psychologiques, celui du gros intestin est lié aux fonctions d'élimination et de contraction, et celui du poumon maîtrise la réception et la régulation du ki issu de l'air respiré.

Points d'acupression des six méridiens qui traversent les mains. Main gauche et main droite sont parfaitement symétriques.

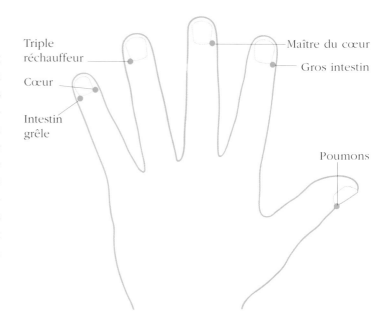

Triple réchauffeur

Cœur

Intestin grêle

Maître du cœur

Gros intestin

Poumons

LE MASSAGE SHIATSU DES DOIGTS

Les doigts sont extrêmement sensibles. Lorsqu'on les masse, on élimine les tensions et le stress dans tout l'organisme. En effectuant quelques manœuvres de shiatsu le long des doigts et en stimulant les points d'acupression de leurs extrémités, on améliore la circulation du ki dans les méridiens correspondants. Pour bien se masser, il faut s'asseoir confortablement, les épaules basses, le cou détendu et la respiration libre. On lève ensuite les coudes jusqu'à placer les avant-bras horizontalement devant la poitrine.

1 *Placez la main gauche la paume vers le bas. Attrapez la base de l'auriculaire gauche entre le pouce (posé à plat sur le doigt) et l'index (replié dessous) de la main droite. Pressez toutes les phalanges jusqu'au bout du doigt en tirant légèrement le bras gauche vers l'extérieur.*

2 *Prolongez le mouvement en maintenant toujours l'auriculaire de l'index et pressez la base de l'ongle avec le pouce. Recommencez pour chaque doigt, de l'auriculaire vers le pouce, et passez ensuite à l'autre main en commençant par l'auriculaire.*

3 *Le massage terminé, entrecroisez les doigts et poussez vos paumes vers l'avant, les bras parallèles au sol. Concentrez-vous quelques secondes sur l'étirement et relâchez.*

4 *Les doigts détendus, secouez les poignets. Relâchez les mains sur les cuisses, fermez les yeux et concentrez-vous sur les picotements qui naissent dans vos doigts, vos mains et vos bras. Vous devriez y ressentir un peu plus de chaleur et d'énergie.*

CONCEPTION INDIENNE DE L'ÉNERGIE

L A TRADITION INDIENNE enseigne que la santé du corps est gouvernée par la circulation du *prana,* ou énergie vitale, le long de canaux appelés *nadi.* Tant que le prana circule librement, le corps demeure en bonne santé, mais lorsqu'un obstacle vient en gêner le flux, la maladie se déclare.

Asana (les postures), *pranayama* (les exercices respiratoires) et *dhyana* (la méditation) constituent les étapes de la démarche du *hatha-yoga* pour éliminer ces blocages d'énergie, contrôler et stimuler la circulation du prana. Celui qui pratique en se conformant à ces trois étapes peut faire de son corps un instrument parfait.

Pour les hindous, contrôler son corps et apaiser son mental permet d'atteindre l'esprit, le moi véritable, et de se libérer de la servitude de la naissance, de la mort et des illusions du quotidien.

LES CONCEPTS INDIENS DE L'ÉNERGIE

La tradition hindoue a réuni et formalisé nombre des anciennes croyances védiques concernant l'énergie et l'univers pour élaborer un système complet de développement personnel, qui prend en compte les énergies physiques, mentales et spirituelles.

Ce système se fonde sur l'idée que l'univers est la manifestation d'une réalité ou conscience absolue appelée *brahman*, qui, non créée, sans limites, éternelle et incluant tout, forme la base de l'univers et de tout son contenu, y compris l'*atman*, l'âme individuelle. Les hindous considèrent que, si l'on reconnaît sa vraie nature – « je [atman] suis cette conscience [brahman] » –, on se libère du monde illusoire du temps, de l'espace et de la causalité pour s'unir à l'Absolu. En tant qu'élément de cette conscience, chaque individu peut s'exercer en vue d'accéder à cette énergie infinie.

Les principes de base de ce système trouvent leur origine dans les Veda, textes sacrés de l'hindouisme transmis oralement avant d'être rédigés à partir de 1800 avant J.-C., et introduits dans la vallée de l'Indus par les Indo-Iraniens. Ils sont plus explicitement développés dans les Upanisad, textes plus récents (les plus anciens datent de 700 à 300 avant J.-C.) qui introduisent les concepts de méditation, de yoga et de renoncement comme moyens d'unir l'âme individuelle à l'Absolu.

C'est vers le IIIᵉ siècle de notre ère que sont composées en sanskrit les deux célèbres épopées *Ramayana* et *Mahabharata*, ce dernier poème incluant le célèbre « chant du divin seigneur », *Bhagavad-Gita,* qui contient les notions essentielles à la connaissance des différentes disciplines du yoga, les karma, jnana, bhakti et raja yoga. Ce dernier, « yoga royal », le plus connu en Occident, est exposé dans les *Yoga sutra* attribués à Patanjali, érudit indien du IIᵉ siècle avant J.-C., traditionnellement considéré comme le père du yoga. Parmi les huit étapes destinées à purifier le corps et l'esprit, on trouve des exercices de posture *(asana)* ou de respiration *(pranayama),* qui permettent notamment de canaliser l'énergie vitale du corps ou prana.

L'ÉNERGIE DU SOLEIL

Depuis toujours les hommes ont adoré le soleil, source de toute vie, de lumière et de chaleur. Généralement considéré comme masculin, le soleil est d'ailleurs associé à des qualités positives et actives. Pour les hindous, c'est aussi un symbole de la conscience supérieure du genre humain, et les Upanisad évoquent la montée des âmes vers le soleil après la mort. L'exercice de la salutation au soleil (*surya namaskar,* voir p. 52-53) prolonge les anciens rites d'adoration consacrés au dieu-soleil Surya. Pratiquer cette séquence en douze postures, c'est remercier le soleil de ses nombreux bienfaits et le prier d'accroître notre énergie et notre force. Idéalement, pour s'imprégner de l'énergie du soleil levant, il faut pratiquer tous les matins à l'aube, et répéter cette séquence douze fois en chantant un mantra louant les qualités fécondes de l'astre.

Cette miniature du XVIIIᵉ siècle, le Cœur de Surya, *représente le dieu soleil Surya. Pour les hindous, Surya symbolise l'énergie universelle et l'abondance.*

Le prana est cette force vitale qui circule en toute chose, la garde en vie et la nourrit. La respiration est l'une des façons essentielles d'apporter du prana à l'organisme. Même si le prana passe en partie par le corps physique, il circule essentiellement dans les corps subtil et astral. Comme dans la théorie des méridiens (voir p. 18-19), la santé dépend de la circulation et de l'équilibre de l'énergie dans le corps, tandis que la maladie vient du blocage de son flux. C'est pourquoi les traditions indiennes du yoga et de la médecine ayurvédique (voir p. 118-121) mettent l'accent sur l'harmonie avec la nature et sur le maintien d'une bonne circulation du prana pour prévenir la maladie. Cinq principes majeurs conduisent à la santé physique, mentale et spirituelle : la pratique, la respiration, la relaxation, l'alimentation et la méditation. Ceux qui pratiquent le hatha-yoga considèrent que la relation entre le corps, le mental et l'esprit est fondamentale et qu'il est possible de libérer l'esprit grâce au contrôle du corps et du mental. On trouve dans les Écritures hindoues une image pour expliquer cette relation : les cinq chevaux qui tirent le chariot représentent les cinq sens, le chariot est le corps, les rênes sont le mental qui contrôle les chevaux, et le cocher est l'esprit. Grâce à la pratique des exercices (postures et respiration), les adeptes du yoga peuvent parvenir à contrôler la circulation du prana dans leur corps. Par la méditation, ils calment leur esprit et voient alors les choses telles qu'elles sont réellement.

LES MANTRAS

Les mantras sont des mots, des symboles ou des sons sacrés utilisés depuis les temps anciens pour purifier l'esprit. Le terme sanskrit *mantra* se compose de *man*, issu de *manana*, qui signifie « penser », et de *tra*, issu de *trana*, qu'on peut traduire par « libération ». Un mantra est donc un son qui libère l'esprit. Tous les sons, tous les mots possèdent une certaine forme d'énergie, une vibration, qui peut agir pour le bien ou pour le mal. Mais ici ne seront évoqués que les mantras aux effets bénéfiques.

Japa désigne la répétition. En répétant un mantra avec constance et ardeur, on en imprègne son être. Répéter par exemple le mot « paix » ou la phrase « je suis détendu » permet au corps et à l'esprit de se nourrir de leur sens jusqu'à atteindre une forme d'apaisement. De même, répéter le mantra *OM* aide à l'intérioriser jusqu'à ce que sa signification devienne une partie de nous-même et engendre un changement intérieur capable de mener à l'éveil spirituel. On devient ce que l'on pense.

On peut répéter les mantras à haute voix, dans un murmure ou en silence. On se sert traditionnellement d'un chapelet *(mala)* pour compter les répétitions, mais les doigts, ou un crayon et un papier, peuvent suffire.

Il existe trois catégories de mantras : les *saguna mantras,* les *nirguna mantras* et les *bija mantras*. Les mantras de la première catégorie invoquent une forme, en général celle d'une divinité comme Krishna, Rama ou Sarasvati. Ceux de la deuxième catégorie sont abstraits mais identifient habituellement le récitant aux différents aspects de l'Absolu – par exemple le mantra *SO HAM*, dans lequel *so* désigne l'« Absolu », et *ham*, « moi », peut se traduire par « Je suis l'absolu même ». Enfin les mantras de la dernière catégorie, également appelés mantras dérivés, déclinent différents aspects du mantra suprême OM et dérivent des cinquante sons primaires du sanskrit. Parmi ces bija mantras se trouvent notamment les sons associés aux différents chakras. Chaque élément de l'univers possède son propre son dérivé correspondant.

OM, qu'on appelle parfois *pranava*, ou force vitale, est le mantra fondamental : il représente la conscience cosmique, l'Absolu. De même que le blanc est la synthèse de toutes les couleurs du spectre de la lumière, OM est la synthèse de toutes les vibrations cosmiques. Sa vibration pénètre chaque son, chaque mantra. Le son OM se compose de trois éléments : A-U-M. A est guttural, il sort de la bouche dès qu'elle s'ouvre et évoque l'éveil ; U symbolise l'état médian et représente le rêve ; M, le dernier son, que des lèvres fermées peuvent former, désigne le sommeil.

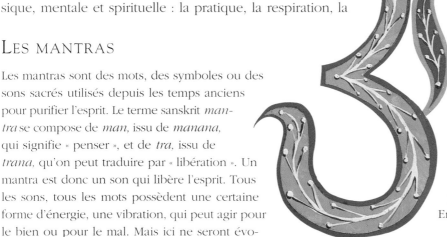

Ce pictogramme stylisé représente OM, le plus sacré des sons. C'est le symbole le plus respecté de l'hindouisme.

ÉNERGIE, RESPIRATION ET MÉDITATION

Illustration extraite d'un ouvrage de hatha-yoga du XVIIIe siècle montrant un ascète hindou pratiquant une posture, ou asana, *propice à la méditation.*

Respirer est un processus instinctif et involontaire, si bien qu'on n'a pas toujours conscience des bienfaits physiques et mentaux que peut apporter une bonne respiration. Si on parvient à respirer en utilisant la plus grande surface de tissu pulmonaire possible, on augmente en même temps la quantité d'oxygène absorbée par l'organisme. L'oxygène étant essentiel au métabolisme cellulaire, un apport accru, notamment au niveau cérébral, peut renforcer la puissance de la concentration.

Pour les yogis, il existe une autre raison d'apprendre à mieux respirer : une bonne respiration permet de contrôler plus efficacement le flux du prana dans l'organisme. Comme l'esprit utilise le prana pour fonctionner, maîtriser le flux du prana, c'est maîtriser l'esprit. Ainsi les yogis pratiquent-ils de nombreux exercices respiratoires (pranayama) pour fortifier le corps, clarifier l'esprit, maintenir l'harmonie intérieure et prévenir ainsi les maladies. Durant ces exercices, ils n'inspirent et n'expirent que par le nez, car deux des principaux canaux qui transportent le prana, le *ida* et le *pingala*, traversent les narines. Ils peuvent également bloquer l'une de leurs narines de l'index, pour canaliser le prana dans un seul de ces deux canaux, de façon à équilibrer leur énergie.

Il existe une relation étroite entre l'état d'esprit d'un individu et sa façon de respirer. Lorsqu'on est agité, la respiration est superficielle, irrégulière et rapide. Lorsqu'on est calme et serein, elle est profonde, régulière et paisible. Si l'on se concentre sur sa respiration, on peut la ralentir, la régulariser et l'approfondir, ce qui a pour effet de calmer le mental. Ce n'est que lorsque l'esprit est calme qu'il est possible d'entrer en méditation.

La méditation est donc une pratique qui consiste d'abord à détendre le corps et à apaiser l'esprit, et dont le but est de parvenir à concevoir son être profond comme faisant partie de l'Absolu. En termes plus médicaux, il a été démontré que la pratique de la méditation réduit le rythme cardiaque et de ce fait permet d'abaisser le niveau de stress.

Un fakir médite, assis dans la position du lotus. Sa posture lui permet de mieux canaliser le flux du prana. Son pouce et son index sont joints, formant un « o » : c'est le mudra chin, qui représente l'unité de toutes choses.

LES CANAUX D'ÉNERGIE

Le prana, l'énergie vitale, circule dans le corps subtil à l'intérieur de canaux, les nadi. Les hindous pensent que la maladie survient lorsque ces canaux sont bloqués, aussi ont-ils mis au point des exercices posturaux et respiratoires afin de purifier ces canaux et de les renforcer. Il existe 72 000 nadi, dont le plus important est *sushumna,* équivalent dans le corps physique à la moelle épinière.

De chaque côté de sushumna se trouvent les canaux *ida* et *pingala,* dont les voies d'accès sont les narines. Ce sont ces deux nadi qui normalement transportent le plus de prana, et c'est seulement pendant la méditation que l'énergie *kundalini* du corps est éveillée et dirigée vers le nadi sushumna (voir p. 44). Le nadi ida, qui passe par la narine gauche, est relié à l'énergie froide de la lune, au côté gauche du corps et au côté droit du cerveau, intuitif et émotionnel. Le nadi pingala, qui passe par la narine droite, est relié à l'énergie chaude du soleil, au côté droit du corps et au côté gauche du cerveau, logique et rationnel. Ne respirer que par une narine altère l'équilibre énergétique du corps.

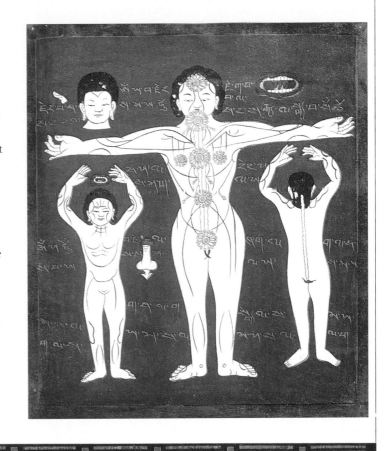

Peinture népalaise montrant les canaux du corps et les centres du contrôle respiratoire. Équilibrer la circulation d'énergie dans ces canaux favorise la santé, la longévité et l'éveil spirituel.

Selon Patanjali, le contrôle de l'esprit passe d'abord par l'apprentissage de la concentration sur un seul objet. *Dharana,* la concentration, permet d'éloigner l'influence des sens et de pénétrer l'objet observé par la seule force de l'intuition. Au fur et à mesure de l'exercice, l'objet contemplé prend de plus en plus de place dans l'esprit du pratiquant, l'entraînant vers des niveaux de conscience plus profonds (voir p. 134-135 le chapitre « Méditation du yoga », qui propose quelques conseils pratiques).

La pensée positive est un autre aspect du yoga. Lorsqu'on s'applique à penser sans cesse de façon positive, on parvient à la sagesse et à la paix intérieure. Pour cela, il faut d'abord laisser s'évanouir les pensées, sensations et actions conscientes, puis apprendre à accepter l'Absolu comme unique et véritable réalité.

En découvrant l'unicité du réel et en ressentant le lien entre l'individu et l'Absolu, on permet aux émotions négatives (comme l'appréhension, la haine ou le chagrin) de s'évanouir. Tous ceux qui pratiquent le yoga tendent à atteindre cet état de libération. S'ils parviennent, à travers l'exercice de la méditation et de la pensée positive, à purifier leur mental, l'Absolu pourra agir à travers eux. Mais il leur faudra faire preuve de beaucoup de discipline et de générosité.

Dans la *Bhagavad-Gita,* tirée du *Mahabharata,* Krishna déclare que « l'esprit, quoique très difficile à contrôler par l'*abhyasa* (pratique) et la *vairagya* (méditation), peut être maîtrisé ». Aussi, dans le but de dominer l'esprit, nous devons d'abord développer une forte volonté, le plus grand obstacle étant la recherche du plaisir.

LE CORPS SUBTIL ET LES CHAKRAS

Les hindous enseignent que l'être humain possède non seulement un corps physique, mais également un corps subtil, ou corps astral, et un corps causal.

Le corps subtil, fait d'un réseau de nadi (voir p. 43) où le prana circule et qui abrite le mental et l'intellect, s'étend au-delà du corps physique, auquel il est lié par un fil qui se rompt lors du décès. Le corps causal, relié aux deux autres, contient les germes de l'âme et demeure avec le corps subtil après la mort.

Les chakras, les sept centres d'énergie du corps subtil, correspondent aux centres nerveux du corps physique et sont situés le long du nadi sushumna, canal central de l'énergie du corps subtil, qui monte du chakra de base, *muladhara,* au chakra du sommet du crâne, ou *sahasrara.* Les chakras, principaux récepteurs et

Sur cette peinture népalaise sont représentés les sept chakras. Chacun possède en son centre une image sacrée.

distributeurs du prana, vibrent à différentes fréquences.

Chaque chakra est traditionnellement associé à un type particulier de conscience. Les centres inférieurs sont liés aux qualités animales du genre humain et contrôlent des stimuli tels que la faim, la soif et le désir sexuel. Les centres intermédiaires (plexus solaire, cœur et gorge) gouvernent les émotions et certaines fonctions mentales, responsables de la formation de la personnalité. Enfin, les chakras du sommet du crâne et des sourcils sont liés à l'intuition et à l'éveil.

On a récemment établi un lien entre les chakras et les principaux plexus nerveux du corps physique, eux-mêmes reliés aux glandes endocrines. Un déséquilibre énergétique dans un chakra affecte la glande correspondante, provoquant des modifications hormonales qui peuvent altérer la

KUNDALINI

Kundalini représente la part d'énergie créatrice féminine *(shakti)* présente en tout être humain. Elle est symbolisée par un serpent endormi lové autour du chakra muladhara, en bas du nadi sushumna. Le kundalini yoga vise à faire fusionner les forces créatrices mâle et femelle d'un individu. À l'aide de techniques respiratoires *(pranayama,* p. 42) et d'exercices de méditation *(dhyana,* p. 134-135), l'adepte du yoga peut créer une chaleur interne qui éveille la puissance du serpent. L'énergie

s'élève alors le long du nadi sushumna, perçant sur son chemin chacun des chakras et se nourrissant de leur énergie. Le passage de chacun des chakras correspond à un nouvel état de conscience. La puissance du serpent atteint le chakra du sommet de la tête, où réside *shiva* (la conscience). Si les énergies féminine et masculine de shakti et de shiva parviennent à la fusion totale, le pratiquant atteint l'éveil.

Peinture de style népalais du XVIII siècle représentant un être cosmique. Un serpent se déroule lentement entre ses deuxième et troisième chakras.

libido, le rythme cardiaque, la tension artérielle, la glycémie, le métabolisme, la croissance, l'humeur et le sommeil. On est donc en bonne santé physique et psychique lorsque tous les chakras remplissent bien leur office.

À l'instar des méridiens (voir p. 18-19), les chakras fonctionnent comme un système et non comme des éléments isolés. Lorsqu'un déséquilibre énergétique frappe l'un des chakras, les six autres en sont affectés. C'est la raison pour laquelle les hindous pensent que, pour rester en bonne santé, il faut se préoccuper rapidement de tout déséquilibre physique et émotionnel afin de maintenir une bonne circulation de l'énergie.

DESCRIPTION DES CHAKRAS

Les chakras sont traditionnellement représentés par des lotus, dont le nombre de pétales varie en fonction des nadi auxquels ils sont reliés.

Certains symboles et mantras dérivés (voir p. 41) s'associent à chacun des chakras, à l'exception de celui du sommet du crâne, qui représente l'Absolu et qui n'est pas définissable.

Les cinq chakras inférieurs sont parfois associés aux cinq éléments.

Certaines écoles décrivent l'énergie des chakras à l'aide de toutes sortes de couleurs ; il est également possible de les relier aux couleurs du spectre de la lumière, comme dans le tableau ci-dessous. Ainsi l'énergie du chakra de la base de la colonne vertébrale est-elle rouge, couleur habituellement associée à la rudesse, tandis que celle du chakra du sommet du crâne est violette, symbole de spiritualité.

Sahasrara chakra
Ajna chakra

Vishuddha chakra

Anahata chakra

Manipura chakra

Swadhishthana chakra
Muladhara chakra

Les sept chakras s'étendent le long du centre du corps subtil, depuis le bas de la colonne vertébrale jusqu'au sommet du crâne.

NOM	Muladhara (Racine)	Swadhishthana (Nombril)	Manipura (Solaire)	Anahata (Cœur)	Vishuddha (Gorge)	Ajna (Sourcils)	Sahasrara (Sommet du crâne)
LIEU	Périnée	Sacrum/ parties génitales	Plexus solaire	Cœur	Gorge	Sourcils	Sommet du crâne
SYMBOLE	Carré	Croissant de lune	Triangle	Étoile de David	Triangle inversé	OM	–
PÉTALES DE LOTUS	4	6	10	12	16	2	1 000
ÉLÉMENT	Terre	Eau	Feu	Air	Éther	–	–
SON	Lam	Vam	Ram	Yam	Ham	OM	–
COULEUR	Rouge	Orange	Jaune	Vert	Bleu	Indigo	Violet

LE HATHA-YOGA

Le hatha-yoga, qui met l'accent sur les aspects les plus physiques de la discipline, est sans doute le style le plus connu en Occident.

Le mot *hatha* se compose de *ha*, « positif », et de *tha*, « négatif ». Le hatha-yoga est donc une discipline destinée à équilibrer les énergies positive et négative du corps, grâce à la pratique d'exercices posturaux *(asana)*, respiratoires *(pranayama)*, gestuels *(mudra)*, musculaires *(bandha)* et de nettoyage interne *(krya)*.

Le hatha-yoga insiste tout particulièrement sur certaines techniques respiratoires, ainsi que sur la synchronisation entre respiration et mouvement.

Il s'agit d'inspirer et d'expirer longuement par le nez – l'expiration étant particulièrement importante, puisque de sa profondeur dépend la qualité du renouvellement de l'air présent dans les poumons.

La pratique du yoga vise principalement à entretenir le corps et l'esprit plutôt qu'à brûler l'énergie sous forme de calories. Plus globalement, le yoga et la médecine ayurvédique considèrent qu'il ne faut pas forcer le corps. Après une séance de yoga, on doit se sentir nourri et revitalisé plutôt qu'épuisé.

D'ailleurs, le yoga préfère le terme « posture », qui implique l'immobilité, à celui d'« exercice ». Il s'agit de prendre une posture et de se relâcher jusqu'à devenir cette posture. Les postures de yoga constituent une sorte de circuit énergétique. Ainsi, en adopter une permet de puiser l'énergie réparatrice particulière qu'elle recèle et de mettre son esprit dans un certain état de conscience.

Pour progresser en yoga, il est indispensable de pratiquer avec attention et intensité chaque jour. Mais il faut rester progressif dans ses efforts et ne pas aller au-delà de ses limites physiques. Chacun de nous possède un niveau

Illustration tirée d'un ouvrage sanskrit, traduit en persan au XVIIIe siècle, montrant un adepte du yoga assis dans une posture classique.

de développement physique et spirituel spécifique, aussi n'y a-t-il pas lieu de comparer ses propres possibilités avec celles d'autrui.

N'importe qui peut pratiquer le yoga, sans distinction d'âge, de sexe ou de forme physique, mais il est toujours préférable de consulter un médecin avant de s'engager dans quelque discipline que ce soit.

La suite de ce chapitre présente quelques exercices fondamentaux du yoga, mais ne saurait remplacer les conseils d'un enseignant qualifié.

Les meilleurs moments pour pratiquer se situent avant le petit déjeuner, le déjeuner ou le dîner, et plus particulièrement le matin, lorsque le corps est un peu raide. Ne pratiquez jamais l'estomac plein, attendez au moins quatre heures après un repas lourd, deux heures après un en-cas.

Aucun équipement spécial n'est nécessaire, mais il vaut mieux porter un vêtement de coton, afin que la peau puisse respirer librement, et ôter chaussures et chaussettes.

Une séance de yoga commence généralement par quelques minutes de relaxation dans la posture *shavasana*, ou « posture du cadavre » (voir p. 133), et par une série d'étirements doux pour réchauffer et détendre le corps.

Les postures debout sont efficaces notamment pour l'échauffement des muscles. Faites particulièrement attention à vos hanches, épaules, cou et chevilles. De même, faites toujours précéder un exercice difficile d'étirements préparatoires.

Au terme d'une séance bien construite, on doit avoir systématiquement étiré toutes les parties du corps et massé tous les organes internes.

Le yoga étant une technique qui débloque et équilibre les énergies de l'organisme, il faut faire suivre chaque

SE TENIR DEBOUT, D'APLOMB (SAMASTHITI)

Samasthiti est la posture fondamentale, base de toutes les postures debout du yoga. Elle contribue au bon alignement du corps. Une mauvaise posture (épaules arrondies, ventre flasque, dos cambré, tête penchée, etc.) nuit à la santé.

Lorsque vous adoptez cette posture, vous vous sentez fermement enraciné, bien en équilibre, ne faisant qu'un avec vous-même et avec l'univers. Recherchez confiance, fermeté et aplomb. Imaginez que votre corps est un instrument parfait, prêt à jouer.

Expirez profondément, de façon à débarrasser votre système respiratoire de ses toxines, puis à apporter à votre organisme de l'air frais lors de l'inspiration.

Concentrez-vous sur l'allongement de votre respiration, mais soyez attentif à ne pas fatiguer votre système respiratoire. Recherchez d'abord la qualité plutôt que la quantité, puis, à force de pratique, augmentez progressivement la longueur des mouvements respiratoires.

Tenez-vous debout, les pieds écartés de 15 centimètres, les bras le long du corps.

Relâchez les épaules en arrière, le menton rentré. Le bassin solide et centré. répartissez le poids du corps entre les deux pieds.

Imaginez que vous grandissez. Votre cou s'allonge, votre poitrine s'élargit et votre corps s'ouvre.

Gardez les épaules, le cou, le visage et les joues relâchés.

Quand vous inspirez, imaginez qu'une lumière descend vers votre plexus solaire.

Quand vous expirez, laissez la lumière alimenter chaque cellule de votre corps.

Inspirez et expirez ainsi cinq fois.

Imaginez ensuite que vous inspirez de l'énergie et que vous expirez toutes les toxines accumulées dans votre organisme.

Cherchez au moins à doubler le temps de l'expiration par rapport à celui de l'inspiration.

Si vous inspirez en quatre secondes, expirez au moins en huit.

posture d'une contre-posture pour que la circulation d'énergie ne soit pas déséquilibrée. Une séance habituelle se construit autour de postures debout, sur le dos, inversées et assises.

Les exercices de relaxation prennent place entre chaque série, puis plus longuement en fin de séance.

De façon générale, essayez de respecter une période d'au moins un quart d'heure de relaxation après une séance d'une heure de yoga.

Vous trouverez des exemples d'échauffement comme la salutation au soleil pages 48-53, des exercices et des mouvements pages 68-71 et des techniques de relaxation pages 133-135.

L'ÉTIREMENT VERTICAL

La vie quotidienne procure rarement l'occasion, au bureau comme à la maison, de s'étirer verticalement. Il en résulte le plus souvent une mauvaise posture, un développement musculaire déséquilibré et parfois des maux de dos. La première partie de cet exercice doux étire la chaîne des muscles vertébraux et dorsaux, apportant une sensation de légèreté. La seconde partie est destinée à affiner la conscience de la colonne vertébrale. La verticalité a pour effet d'augmenter la circulation du sang vers la colonne vertébrale, la maintenant ainsi en bon état.

1 Debout, les pieds écartés de 15 centimètres, les bras relâchés le long du corps, les yeux ouverts.

2 Inspirez, mettez-vous sur la pointe des pieds et montez les bras au-dessus de la tête. Poignets fléchis, paumes vers le haut, étirez-vous verticalement.

3 Expirez et penchez-vous en avant en vous relâchant, genoux détendus ou légèrement pliés. Relâchez consciemment les bras, la tête et les épaules.

4 Inspirez et redressez le dos, vertèbre par vertèbre, en commençant par le bas de la colonne. Recommencez l'exercice trois fois.

S'ÉTIRER, LES DOIGTS ENTRECROISÉS

Cet exercice permet de faire travailler les poumons, et donc d'améliorer la capacité respiratoire. Il renforce et tonifie les muscles des bras, des épaules et de la poitrine, et soulage également les tensions des mains (une partie du corps à laquelle on ne prête pas assez d'attention). On peut faire varier l'étirement en plaçant les mains jointes l'une contre l'autre près de la poitrine et en étirant ensuite les bras au-dessus de la tête sans écarter les mains. Allez aussi haut que possible en inspirant et ramenez les mains au-dessus de la tête en expirant, puis sur les côtés.

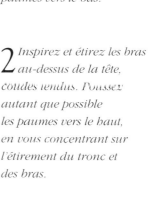

1 Debout, les pieds écartés de 15 centimètres, entrecroisez les doigts et tournez les mains, paumes vers le bas.

2 Inspirez et étirez les bras au-dessus de la tête, coudes tendus. Poussez autant que possible les paumes vers le haut, en vous concentrant sur l'étirement du tronc et des bras.

3 Expirez, décroisez les doigts et tournez les mains pour qu'elles soient dos à dos. Baissez lentement les bras sur les côtés, paume vers le bas, les épaules toujours étirées, jusqu'à l'horizontale.

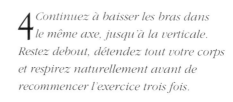

4 Continuez à baisser les bras dans le même axe, jusqu'à la verticale. Restez debout, détendez tout votre corps et respirez naturellement avant de recommencer l'exercice trois fois.

LA FLEXION EN AVANT (UTTANASANA)

On se penche le plus souvent vers l'avant à partir de la taille, ce qui est mauvais pour le bas du dos. Cette séquence étire les ligaments des mollets et assouplit la colonne vertébrale, pour rendre plus naturelle la flexion vers l'avant. De plus, elle affine la taille, stimule le système nerveux, augmente l'afflux de sang dans le cerveau (et donc apaise l'esprit) et fortifie les organes.

1 *Debout, pieds parallèles écartés de la largeur des épaules, relâchez les bras de chaque côté du corps. Relâchez les épaules en arrière, menton baissé.*

2 *Inspirez profondément et étirez les bras et les doigts vers le bas. En maintenant cet étirement, levez lentement les bras devant vous, les paumes face au sol.*

3 *Continuez à monter les bras jusqu'au-dessus de la tête, près des oreilles. Genoux tendus, arquez le dos et la tête vers l'arrière jusqu'à voir vos mains.*

5 *Redressez-vous lentement en inspirant, les bras toujours tendus dans le prolongement de la tête. Veillez à garder bras et coudes tendus.*

4 *Expirez et penchez-vous en avant, les bras étirés loin devant vous, le tronc en extension. Soyez attentif à plier le corps au niveau des hanches et non de la ceinture, et à garder les genoux tendus. Attrapez (selon votre souplesse) vos chevilles ou vos tibias, et rapprochez le front des genoux ou des tibias. Essayez de garder l'abdomen, la poitrine et les hanches aussi près que possible des jambes. Relâchez la tête et veillez à respirer normalement. Tenez la posture quelques instants.*

6 *Continuez en vous arquant vers l'arrière. Vous devez revenir à la position expliquée au n°3.*

7 *Revenez à la verticale. Étirez les bras autant que possible et concentrez-vous sur l'étirement du tronc.*

8 *Expirez et, les coudes tendus, abaissez doucement les bras de chaque côté du corps.*

LA SALUTATION AU SOLEIL (SURYA NAMASKAR)

On pratique traditionnellement la salutation au soleil au point du jour, face au soleil levant, pour réchauffer et vitaliser le corps. Cet exercice postural permet d'assouplir la colonne vertébrale, d'améliorer la respiration et la circulation sanguine – ceux qui souffrent d'hypertension artérielle doivent l'éviter. Conservez un rythme lent et une respiration profonde tout au long de l'exercice. Recommencez quatre fois en alternant les jambes et en veillant à faire suivre chaque étape d'une période de relaxation.

1 *Debout, pieds joints, joignez les mains. Concentrez-vous sur la respiration et sur la sensation de verticalité de votre corps. Pensez au lever du soleil et à ses bienfaits. Imaginez que ses rayons viennent pénétrer chaque partie de votre corps. Faites quelques respirations profondes en restant concentré sur le soleil.*

2 *Inspirez en étirant les bras vers le haut et en arquant le dos, fessiers contractés. Les bras sont tendus de chaque côté de la tête.*

3 *Expirez et penchez-vous en avant, la tête et le visage près des genoux. Posez les mains près des pieds, les paumes vers le bas, les doigts devant les orteils. Pliez légèrement les genoux si nécessaire.*

4 *Inspirez, tendez la jambe droite en arrière, genou au sol. Pliez le genou gauche, les mains à plat de chaque côté du pied. Arquez le dos en levant la tête.*

5 *Retenez votre souffle, tendez la jambe gauche en arrière, genoux levés. Gardez les bras tendus, les mains soutenant presque tout votre poids, la tête dans le prolongement du corps.*

6 *Expirez, posez les genoux et la poitrine au sol, mais gardez les hanches soulevées. Posez doucement le front, les orteils en appui.*

7 *Inspirez, posez les hanches au sol et allongez les orteils. Sans bouger les mains, décollez la tête et la poitrine. Arquez le dos en gardant les coudes légèrement fléchis et les épaules détendues.*

8 *Expirez et, en poussant sur les mains, montez les hanches aussi haut que possible. Tirez sur les talons pour poser les pieds à plat.*

9 *Inspirez, ramenez le pied droit entre vos mains. Posez le genou gauche au sol, orteils allongés, et levez la tête. Vous retrouvez la position 4, jambes inversées.*

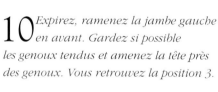

10 *Expirez, ramenez la jambe gauche en avant. Gardez si possible les genoux tendus et amenez la tête près des genoux. Vous retrouvez la position 3.*

11 *Inspirez, levez les bras devant vous jusqu'au-dessus de la tête. Arquez le dos : vous retrouvez la posture 2.*

12 *Expirez, revenez à la verticale, les mains jointes devant la poitrine. Relâchez les bras, et recommencez la séquence en inversant les jambes.*

ÉNERGIE, POSTURE ET MOUVEMENT

L E CORPS HUMAIN est fait pour bouger, mais la vie quotidienne ne nous en laisse guère le loisir. Pourtant, le mouvement est source de bien-être, non seulement corporel, mais aussi spirituel et émotionnel. Travailler son énergie tous les jours permet d'apaiser ses tensions, physiques ou mentales, et de vivre dans la bonne humeur. Et si l'on associe à sa pratique la conscience de l'énergie, on en retire plus de bienfaits encore : travailler l'énergie est source d'énergie. Il ne s'agit pourtant pas d'efforts constants ; il suffit d'observer un chat qui passe en un éclair de la détente la plus totale à l'action la plus vive ! Les postures du qigong et du yoga, tout comme celles du tai-chi, de la kinésiologie et de la danse, sont un excellent moyen d'améliorer la circulation de l'énergie et d'affiner la posture, la souplesse et l'équilibre.

L'IMPORTANCE DE LA POSTURE

Notre façon de nous tenir ou de nous mouvoir influe profondément sur notre bien-être physique et sur notre énergie. De fait, prendre simplement la pleine conscience de ce que nous faisons serait déjà une excellente pratique. Nos mauvaises postures et nos mouvements maladroits entraînent des tensions musculaires et des blocages énergétiques. À l'inverse, nous marcherions ou travaillerions bien plus facilement et plus agréablement si nous apprenions à bouger en harmonie avec notre système énergétique.

Le maintien sans raideur ni force de la colonne vertébrale est essentiel à une bonne posture. Observez-vous

dans diverses situations quotidiennes telles qu'attendre l'autobus ou faire la vaisselle. Beaucoup de gens ont les épaules tendues ou gardent le poids de leur corps sur une seule jambe, déséquilibrant inconsciemment leur colonne vertébrale. Les jeunes enfants se tiennent remarquablement bien, sans effort conscient, mais perdent pour la plupart cette spontanéité naturelle en grandissant, à cause de tensions émotionnelles et physiques.

S'effondrer dans un canapé peut sembler relaxant, mais cette position affaiblit en fait les muscles du bas du dos et laisse stagner l'énergie dans les premiers chakras. Croiser les jambes en position assise, notamment lorsque l'on travaille, empêche l'alignement correct des os et des muscles, rompant le retour sanguin et énergétique vers le haut du corps et épuisant les réserves énergétiques des chakras supérieurs. Tenir le récepteur du téléphone entre le menton et l'épaule vrille les muscles du cou et de la mâchoire, provoquant un blocage énergétique dans le chakra de la gorge, ce qui entraîne des troubles de l'ouïe et des douleurs de la nuque.

Bien se tenir permet d'élever le niveau énergétique général de son corps, en protégeant les muscles et le squelette. Une bonne posture debout et assise permet également d'affiner et d'embellir sa silhouette.

Changer ses habitudes demande un effort conscient, mais les résultats en termes de réduction des tensions et de gain d'énergie peuvent être extrêmement gratifiants.

Moine du monastère de Fayuan Si (Pékin). La méditation bouddhiste est une méditation silencieuse, en position du lotus (voir p. 136-137), les yeux ouverts, le dos droit, le souffle régulier et calme.

LES BASES D'UNE BONNE POSTURE

Une bonne posture soulage les douleurs lombaires et améliore la circulation énergétique dans le corps. Apprenez également à vous servir des jambes plutôt que des bras lorsque vous vous levez. La marche augmente la circulation d'énergie dans les chakras. De plus, marcher en balançant les bras dans un mouvement inverse de celui des jambes permet d'harmoniser le système nerveux central. Gardez les genoux et les pieds pointés vers l'avant et poussez sur les talons afin de bien dérouler le pied vers l'avant, jusqu'aux orteils. Imaginez qu'une colonne de lumière s'étend le long de votre colonne vertébrale. Si vous devez porter des objets lourds, tenez-les le plus près possible du corps, de façon à protéger votre colonne vertébrale.

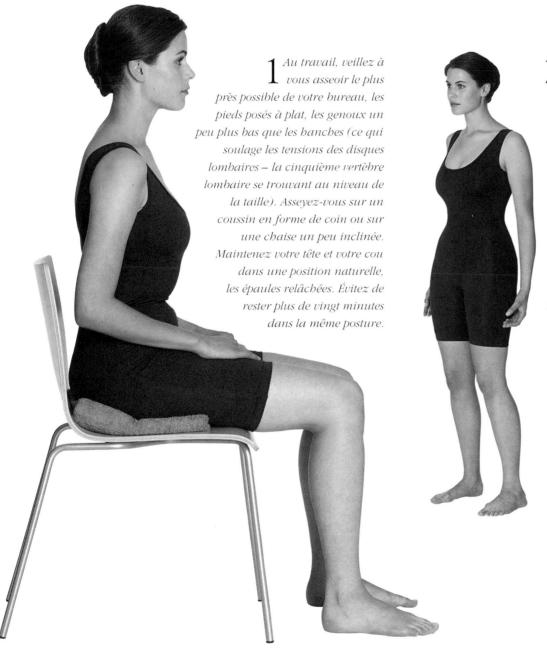

1 *Au travail, veillez à vous asseoir le plus près possible de votre bureau, les pieds posés à plat, les genoux un peu plus bas que les hanches (ce qui soulage les tensions des disques lombaires – la cinquième vertèbre lombaire se trouvant au niveau de la taille). Asseyez-vous sur un coussin en forme de coin ou sur une chaise un peu inclinée. Maintenez votre tête et votre cou dans une position naturelle, les épaules relâchées. Évitez de rester plus de vingt minutes dans la même posture.*

2 *Pour améliorer votre position debout, tenez-vous face à un grand miroir, les pieds pointés vers l'avant bien à l'aplomb des hanches. Détendez l'arrière des genoux et centrez votre poids sous les pieds de façon que votre corps ne penche ni vers l'avant ni vers l'arrière. Rétractez doucement les abdominaux et sentez votre coccyx s'allonger vers le sol. Détendez la poitrine, laissez pendre les bras de chaque côté du corps et relâchez les épaules. Si l'une est plus haute que l'autre (ce qui est commun), abaissez-la doucement. Sentez votre tête flotter au sommet de votre colonne vertébrale. On doit pouvoir tracer une ligne entre le haut de votre tête et votre talon, qui passe par l'oreille, le bras, la hanche et le genou. Le menton ne doit ni rentrer ni pointer vers l'avant, et le bas du dos doit être légèrement cambré.*

LES THÉRAPIES PHYSIQUES

De nos jours, peu d'adultes sont physiquement équilibrés. Maux de dos et autres problèmes musculaires et articulaires frappent la plupart des gens, résultat le plus souvent de mauvaises postures, de tâches répétitives et de tensions émotionnelles.

Ceux qui souffrent de douleurs chroniques peuvent profiter de l'aide d'un thérapeute spécialisé. Le massage permet de réduire la plupart des tensions musculaires. L'ostéopathie et la chiropractie soulagent bien des problèmes articulaires et vertébraux. Toutes ces thérapies sont également bénéfiques pour les systèmes circulatoire et nerveux.

Douleurs et raideurs se reflètent immédiatement dans le champ énergétique corporel. Que le thérapeute travaille consciemment ou non sur le système énergétique (beaucoup le font aujourd'hui), dénouer les blocages physiques permet de soulager automatiquement ceux des chakras correspondants.

L'ostéopathie et la chiropractie sont nées au XIXᵉ siècle aux États-Unis. Toutes deux cherchent à résoudre les problèmes mécaniques du corps par la manipulation et le massage de la colonne vertébrale et des principales articulations. Mais l'ostéopathie s'intéresse essentiellement au système circulatoire, tandis que la chiropractie met l'accent sur le système nerveux. Pour les deux pratiques, la tension musculaire et le mauvais alignement du squelette sont sources de blocages dans les systèmes circulatoire et nerveux.

L'ostéopathie crânienne combine manipulations douces et techniques simples d'ajustement, appliquées principalement au crâne et au sacrum (les cinq vertèbres soudées du bas du dos). Elle se fonde sur les travaux, dans les années 1930, d'un ostéopathe américain, William Garner Sutherland, qui établit que les huit os du crâne sont légèrement mobiles et que des traumatismes à ce niveau, lors de la naissance ou d'un accident, peuvent affecter le fonctionnement du reste du corps. Il avança également que le liquide cérébro-spinal, qui alimente le cerveau et la moelle épinière, circule selon un rythme intimement lié à la profondeur et au rythme de la respiration, et modifiable à l'aide de manipulations douces des os du crâne.

La thérapie cranio-sacrale, récemment issue de l'ostéopathie crânienne, se sert également de techniques douces pour améliorer le flux du liquide cérébro-spinal et soulager certains traumatismes. Des praticiens travaillent également sur le champ énergétique extérieur au corps. Ces deux systèmes sont doux, indolores et relaxants, et ont pour effet d'améliorer le flux énergétique qui circule dans le canal médullaire.

Lorsqu'un déséquilibre est profondément ancré dans les habitudes d'un patient, le thérapeute peut lui conseiller de se tourner vers certaines méthodes actives mettant l'accent sur la posture juste et l'équilibre des mouvements, ce qui permettra de maintenir les améliorations obtenues par manipulation. La méthode d'Alexander est un exemple de ces pratiques rééducatives qui insistent tout particulièrement sur le contrôle conscient des habitudes posturales.

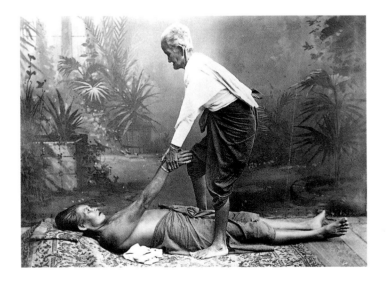

Photo du début du siècle (1900-1908) montrant un masseur thaï manipulant un patient. Bien qu'ostéopathie et chiropractie ne se soient développées qu'au XIXᵉ siècle en Occident, on pratique massages et manipulations depuis des siècles en Orient.

LA TECHNIQUE D'ALEXANDER

Dans les années 1920, un acteur australien, F.M. Alexander, perdait régulièrement sa voix sur scène. En s'examinant dans la glace, il comprit qu'il contractait inconsciemment les muscles du visage, et qu'il avait besoin de réapprendre à les utiliser. Il inventa la technique qui porte son nom, pour enseigner aux autres à se servir de leur corps en insistant sur la relation entre la tête, le cou et la colonne vertébrale.

Le professeur utilise ses mains pour communiquer avec le corps du patient, lui apprenant à se tenir debout et assis conve-nablement, à s'asseoir et à s'allonger correctement. Lorsque le cou, la nuque et la colonne vertébrale sont équilibrés, le corps est léger et l'énergie circule plus naturellement. Les tensions et le stress diminuent, et la santé s'améliore. La technique d'Alexander ne repose pas sur des exercices spécifiques, mais encourage les patients à rester chaque jour une vingtaine de minutes allongés à même le sol. Cette pratique peut aider à corriger certains pro-blèmes, tels que dos arrondi ou cambré. Elle s'avérera très utile pour apprendre à détendre et à aligner sa colonne vertébrale.

1 *Posez un livre sous votre tête pour qu'elle repose selon un angle naturel. Pliez les genoux, pieds à plat, légèrement écartés. Concentrez-vous sur votre dos, qui doit peser sur le sol, et sur le relâchement de votre nuque. Ouvrez la poitrine et les épaules, et laissez les genoux pointer légèrement vers le plafond.*

2 *Si vous vous levez en vous redressant d'un seul coup, vous infligez un très gros effort à votre dos. Il faut apprendre à rouler d'abord sur le côté, puis à passer à genoux en appui sur les mains, avant de se relever lentement.*

La mise en place du corps dans le qigong

La posture est essentielle en qigong : sans une bonne posture, il est impossible de développer la circulation de l'énergie. Il faut donc commencer en position debout, tant que le corps ne sait pas bien faire circuler l'énergie. Ensuite seulement, il sera possible d'entreprendre des exercices plus complexes.

Les postures debout

Quand on médite en position debout, on doit relâcher les épaules, plier légèrement les genoux, pieds parallèles, écartés de la largeur du bassin, et fermement ancrés au sol. Relâchez le bassin, pour que la partie basse de votre dos se détende, et gardez la tête droite. La position la plus confortable pour méditer est la posture de base du

L'un des objectifs majeurs du qigong est l'apaisement du mental. Les postures et mouvements décrits dans ce chapitre sont destinés à renforcer la circulation du qi dans le corps et à permettre en même temps à l'esprit de s'apaiser. Quelques positions de mains propices à la méditation seront également présentées.

qigong (voir p. 24), mais vous pouvez également pratiquer avec l'une des trois proposées ci-dessous. En méditant, laissez votre corps se libérer de ses entraves et sentez votre mental se calmer et s'apaiser. Le travail de ces postures devrait vous aider à relier votre énergie à celle de l'univers.

1 *Tenez-vous debout en posture de base. Levez les bras au-dessus de la tête, les paumes vers l'avant, les doigts vers le ciel. Détendez-vous dans cette position et sentez l'énergie circuler à travers vos bras et votre corps. Lorsque le qi circule bien, il est possible de rester étonnamment longtemps dans cette position.*

2 *Tenez-vous debout en posture de base. Levez les bras au-dessus de la tête, les paumes vers le haut. Méditez dans cette position, en imaginant que vous supportez le ciel avec vos mains.*

3 *Tenez-vous debout en posture de base. Levez lentement les bras et étirez-les vers l'extérieur. Vos bras doivent rester légèrement arrondis comme si vous teniez un immense ballon d'énergie devant vous. Méditez dans cette position aussi longtemps que possible, en imaginant qu'un flux d'énergie vous soutient.*

Le mouvement pour renforcer les jambes

La marche du qigong est un moyen efficace de purifier l'énergie du corps. Elle favorise la souplesse physique et la circulation énergétique, renforce les jambes, les genoux et les chevilles. Elle concourt également au développement de la coordination et de l'équilibre. En marchant, restez conscient du contact avec le sol et du support de l'énergie de la terre. Avancez avec grâce et douceur.

1 *Tenez-vous debout, le pied droit en avant. Levez les mains au-dessus de la tête, en arrondissant un peu les bras et en gardant les épaules relâchées.*

2 *Baissez les mains derrière la tête. Maintenez le poids du corps sur le pied droit, commencez à avancer le pied gauche.*

3 *Avancez le pied gauche et commencez à y transférer le poids de votre corps. Baissez les bras devant vous.*

4 *Descendez les mains le long de la jambe gauche. Puis levez les bras en transférant le poids du corps sur le pied arrière. Faites ainsi une dizaine de pas.*

LES POSTURES ASSISES

Dès que l'énergie circule correctement en position debout, il est possible d'adopter des postures assises assez variées. L'essentiel est d'apprendre à s'ancrer dans le sol tout en adoptant une posture ouverte. En vous installant, étirez-vous légèrement, ouvrez votre corps et dénouez les tensions en douceur. Tenir la position implique de vous sentir soutenu par le qi. Votre dos doit être suffisamment droit pour favoriser la circulation d'énergie du corps, mais il faut laisser au bas du dos un léger creux naturel. Le menton ne doit être ni rentré ni sorti.

Les positions de mains présentées ici peuvent s'utiliser dans de nombreuses positions assises. Quand on les place vers le bas, on dirige son énergie dans le sol, tandis que, lorsqu'on les

1 *Asseyez-vous jambes croisées sur un coussin (les hommes doivent croiser la jambe droite sur la gauche, et les femmes, la gauche sur la droite). Posez les mains sur les genoux, paumes vers le haut.*

2 *Joignez les mains devant votre dantien moyen (centre énergétique relié au cœur). Mettez les mains en coupe et pressez les bouts des doigts les uns contre les autres.*

3 *Placez une main devant votre ventre, la paume détendue dirigée vers le haut. Pliez l'autre bras de façon que l'avant-bras soit vertical. Pointez l'index et le pouce vers le haut, et relâchez les autres doigts. Dans cette posture, on attire le qi du ciel et on rassemble l'énergie autour du dantien bas (voir p. 25).*

ouvre vers le haut, on favorise la réception du qi. On peut aussi les joindre en un mouvement de prière, ce qui concentre l'énergie dans le dantien moyen, centre énergétique situé près du cœur; ou encore les séparer, ce qui permet à la poitrine de s'ouvrir et de rayonner.

5 Asseyez-vous sur un pied, le talon sous le périnée. Croisez l'autre pied et placez-le de l'autre côté du bassin, aussi en arrière que possible. Pour garder votre corps en harmonie, placez les mains sur les genoux, croisées l'une sur l'autre dans le même sens que les jambes.

4 Asseyez-vous au bord d'une chaise, tête et colonne vertébrale étirées vers le haut, pieds posés à plat, parallèles, écartés de la largeur du bassin. Placez les mains sur les genoux, paumes tournées vers le sol. Sentez l'ouverture de votre colonne vertébrale.

LE TAI-CHI

Tai-chi, qui en chinois signifie « faîte suprême », fait référence à un système d'exercices qui insistent sur le contrôle de la respiration, du rythme, du mouvement et de l'équilibre du corps. Ces exercices sont destinés à améliorer la circulation de l'énergie vitale dans le corps, à apprendre à concentrer son mental et à fortifier l'esprit. Le tai-chi est une forme de « méditation en mouvement ».

Il existe en Chine cinq arts qu'un véritable maître doit maîtriser : la calligraphie, la poésie, la peinture, la médecine et le tai-chi. Celui-ci, en dépit d'une apparence lente et fruste, apporte à ses adeptes, et jusqu'à un âge avancé, souplesse, agilité, détente et vivacité mentale.

La pratique du tai-chi, issue de la pratique ancienne du qigong (voir p. 23), s'est largement développée en Chine au cours des deux derniers siècles. Des générations de maîtres ont créé dans les différentes régions chinoises des styles variés de tai-chi, mais ses principes généraux restent les mêmes.

Le tai-chi est un art martial interne, qui met l'accent sur le travail de l'esprit et la détente, plutôt que sur la force et la puissance, comme dans les arts martiaux externes. Les mouvements du tai-chi cachent également une forme élaborée d'autodéfense, qui rend ses adeptes capables de repousser les adversaires en renvoyant leurs attaques avec agilité et souplesse.

Le tai-chi propose de nombreux exercices. Certains se pratiquent seul, d'autres à deux, avec ou sans arme. Les premiers consistent essentiellement en diverses séquences de mouvements – souvent 24 – exécutées sans interruption de façon lente et rythmée. Les mouvements peuvent

En Chine, la pratique du tai-chi en extérieur est très fréquente, tout particulièrement le matin, sous des arbres, lorsque le qi externe est puissant et peut être facilement absorbé.

sembler dirigés contre un adversaire imaginaire, mais le pratiquant se concentre sur le mouvement interne du qi. Il doit être à la fois détendu et alerte.

Parmi les exercices qui se pratiquent à deux sans arme, on trouve notamment les *tuishou*, poussées mutuelles avec les mains. Ce sont des exercices d'équilibre et de rythme, essentiels en tai-chi parce qu'ils sont l'incarnation du principe fondamental qui veut que l'on oppose la douceur à la violence, la résistance à la force, le vide à l'abondance – principe symbolisé par le signe du yin et du yang (voir p. 20).

Il est plus facile de pratiquer ces exercices avec des enfants, pour qui cette façon de bouger est naturelle, qu'avec des partenaires plus forts qui n'utiliseraient que leur force.

On se sert de trois armes dans le tai-chi : l'épée *(jien)*, le couteau à simple tranchant ou sabre *(dao)* et le bâton *(gan)*, qui servent de prolongement au qi du pratiquant et constituent donc une partie intégrante des séquences.

D'origine chinoise, le tai-chi est maintenant enseigné et pratiqué en Occident, où l'on reconnaît aussi bien ses vertus sportives et d'autodéfense que ses capacités thérapeutiques. Sa pratique est simple, sans restriction d'âge, de sexe ou de capacités physiques, et ne requiert aucun équipement spécial : juste un peu de temps et d'espace. Très complète, elle n'exerce pas seulement les muscles mais améliore également la respiration et la fonction cardiovasculaire, équilibre le système nerveux et apaise le mental. Elle est reconnue depuis longtemps en Chine comme permettant à ses adeptes de jouir d'une bonne santé et d'une grande souplesse jusqu'à un âge avancé.

LA TORSION DE LA TAILLE

La plupart des cours de tai-chi commencent par un échauffement destiné à délier les hanches et la taille, ce qui permet non seulement de rythmer la circulation de l'énergie dans le corps, mais aussi d'étirer et de tonifier les abdominaux, ainsi que de masser les organes internes.

1 *Tenez-vous debout, les pieds écartés de la largeur du bassin, les orteils pointés vers l'avant, les genoux légèrement fléchis et les bras relâchés le long du corps. Tournez le buste vers un côté en bougeant les hanches et la taille, et en balançant l'os iliaque vers l'avant. Avec l'élan de la taille, vos bras vont commencer à se balancer.*

2 *Effectuez la torsion de l'autre côté, puis continuez à pivoter d'un côté à l'autre en veillant à ne bouger que la taille et les hanches. Le balancement des bras doit venir naturellement de l'élan du mouvement général. N'essayez pas de balancer les bras, parce que cela casserait le rythme. Continuez les torsions quelques minutes jusqu'à sentir votre corps détendu et chaud.*

LA POSTURE DEBOUT

Une séquence de tai-chi commence par un moment de silence, debout, pour calmer le mental et débloquer l'énergie. On peut pratiquer cette posture tout seul, en augmentant sa durée de quelques minutes chaque jour. Bien qu'elle paraisse très simple, elle affecte puissamment l'énergie corporelle, augmentant la vigueur et l'élasticité.

Tenez-vous debout, les pieds écartés de la largeur du bassin, les orteils pointés vers l'avant, les bras et les doigts relâchés de chaque côté du corps. Gardez le cou et les épaules relâchés.

Veillez à garder votre colonne vertébrale droite en imaginant que le sommet de votre crâne est suspendu au plafond par un fil. Fléchissez légèrement les genoux.

Rentrez un peu le menton, regardez devant vous et légèrement vers le bas. Inspirez et expirez tranquillement, en laissant le mental se détendre, mais demeurez vigilant. Une pratique régulière affermira le tonus musculaire et développera la vigilance mentale.

LES POSTURES DE BASE

Le tai-chi distingue huit postures fondamentales. Les quatre premières sont reliées aux points cardinaux – sud, nord, est et ouest – et aux mouvements de défense, de recul, d'appui et de poussée. Les quatre autres sont associées aux directions intermédiaires (sud-est, nord-ouest, sud-ouest et nord-est) et aux mouvements de traction, écartement par les coudes et par les épaules.

Il existe encore cinq « attitudes » liées aux déplacements vers l'avant, l'arrière, la gauche et la droite ainsi qu'à la position centrée, correspondant aux cinq éléments de la médecine chinoise (voir p. 20). On pratique deux des quatre premiers mouvements, l'appui et la poussée, en enchaînements pour apprendre à ressentir la légèreté et le flux du tai-chi.

1 *Commencez en posture de base. Inspirez et levez doucement les bras jusqu'à ce qu'ils soient en face de la poitrine. Placez le bras droit parallèle au sol, paume vers l'intérieur. Placez le bras gauche à la verticale, paume vers l'extérieur, les deux paumes juste en contact.*

2 *En expirant, avancez la jambe droite, en la pliant tandis que vous transférez le poids de votre corps. La jambe gauche s'étire tout en restant légèrement fléchie. Poussez la main gauche vers l'avant, tandis que la main droite résiste et cède, jusqu'à ce que vos mains soient éloignées de votre corps d'une largeur d'épaules.*

3 *Ramenez le poids du corps vers la jambe arrière en la pliant. La jambe droite s'étire tout en restant fléchie, tandis que vous transférez le poids du corps vers le talon. Inspirez et ramenez la paume droite vers vous. Cette fois, c'est la paume gauche qui résiste et cède en un mouvement continu des deux mains vers la poitrine.*

4 *Quand vos mains atteignent votre poitrine, écartez-les de la largeur des épaules, les paumes levées, et terminez lentement l'inspiration. Recommencez plusieurs fois l'exercice, en vous déplaçant lentement d'une posture à l'autre. Respirez de façon rythmée et concentrez-vous sur le flux d'énergie.*

Se repousser avec les mains (t'ui shou)

Cet exercice permet d'expérimenter tous les principes du tai-chi. Avec la pratique, on devient sensible au mouvement de l'énergie à la fois dans son corps et dans celui de son partenaire, ce qui permet d'anticiper ses réactions et donc de mieux le déséquilibrer. En pratiquant cet exercice, essayez de sentir l'équi-libre, voire l'état mental de votre partenaire. Si vous voulez, vous pouvez fermer les yeux, mais veillez à rester toujours vigilant et à ne jamais perdre le contact avec l'autre. À force de pratique, vous détecterez plus facilement l'instant où votre partenaire est près de perdre l'équilibre.

1 Tenez-vous debout, face à face, la plus grande partie du poids du corps reposant sur la jambe droite légèrement fléchie. La jambe gauche reste tendue vers l'arrière, et les deux pieds sont bien parallèles et peu écartés. Les deux mains droites se touchent au niveau des poignets, les paumes vers soi. La main gauche reste relâchée sur le côté pour l'équilibre.

2 Déplacez doucement le poids du corps vers la jambe arrière, qui se plie tandis que la jambe avant se tend. En même temps, ramenez la main droite en arrière vers le torse dans un mouvement circulaire autour de la main de votre partenaire. Quand vous tirez, l'autre cède.

3 À la fin, le processus s'inverse de lui-même. Votre partenaire commence à déplacer son poids vers sa jambe arrière et à vous tirer vers lui pendant que vous cédez.

4 Continuez ce mouvement de bascule vers l'arrière et vers l'avant quelques minutes en restant conscient de votre énergie et de la sienne. Recommencez le mouvement de l'autre côté.

DES POSTURES DE YOGA

Une mauvaise posture est généralement responsable de tensions dans les lombaires, les hanches et le bassin, ainsi que de maux de dos. Même des gestes quotidiens comme porter un sac toujours sur la même épaule peuvent, à long terme, développer la musculature plus d'un côté que de l'autre, et donc déséquilibrer le corps. Les adeptes du yoga pratiquent certaines postures destinées à faire travailler systématiquement toutes les parties du corps, pour que muscles et squelette restent équilibrés et en bonne santé.

LE TRIANGLE (TRIKONASANA)

Voici une version simple du triangle, l'une des douze postures fondamentales du yoga. Cet étirement profond latéral a beaucoup d'avantages. Il raffermit les muscles des jambes et des fessiers, ouvre le bassin, étire les faces internes des cuisses et affine la taille. Il tonifie muscles et organes abdominaux, facilitant la digestion et l'élimination, et permet également d'ouvrir la poitrine, ce qui augmente la capacité respiratoire et stimule la circulation du prana dans le corps.

1 Sautez en écartant les pieds d'environ 1 mètre. Inspirez et levez les bras au niveau des épaules. Étirez-les vers l'extérieur parallèlement au sol, paumes vers le bas. Tournez le pied gauche à 90° vers l'extérieur, tout en gardant les talons sur la même ligne. Tournez le pied droit légèrement vers l'intérieur.

2 Inspirez et, selon votre souplesse, amenez votre main gauche sur le tibia, la cheville gauche ou à plat sur le sol. Levez la main droite, perpendiculairement au sol. Tournez la tête et regardez la paume droite. Retenez votre souffle.

3 Expirez et, tout en maintenant votre bras gauche, amenez le bras droit près de l'oreille droite jusqu'à ce qu'il soit parallèle au sol. Regardez droit devant vous. Il est important que votre bras droit soit placé derrière l'oreille, sinon l'étirement latéral est très faible.

4 Pour revenir à la position de départ, inspirez et ramenez le corps à la verticale. Gardez les bras tendus et maintenez-les à la hauteur des épaules, parallèles au sol. Expirez et baissez les bras. Recommencez de l'autre côté.

LA CHANDELLE (SARVANGASANA)

C'est l'une des postures les plus populaires du yoga, *sarvanga-sana* signifiant « posture de tous les membres ». Cet équilibre tenu sur les épaules est bénéfique pour tout le corps, et plus particulièrement pour les glandes thyroïde et parathyroïde, les plus importantes du système endocrinien.

Ceux qui souffrent d'hypertension, de maux de dos chroniques et de problèmes de cou, d'yeux et d'oreilles ne doivent pas la pratiquer. Les femmes doivent l'éviter pendant la grossesse et les règles. Les débutants peuvent surélever leurs épaules avec une serviette.

1 *Mettez-vous sur le dos, jambes allongées, pieds joints, mains posées à plat de chaque côté du corps. Inspirez et, en retenant votre souffle, levez lentement les jambes en prenant appui avec les mains sur le sol. Il est préférable de tendre les genoux, mais il est plus facile de les garder pliés.*

3 *Pour revenir à la position de départ, relâchez les jambes vers l'arrière. Étirez les bras et posez les mains à plat par terre. Doucement et en contrôlant bien le mouvement, déroulez le corps vertèbre par vertèbre jusqu'à ce que toute la colonne vertébrale et le bassin aient touché le sol. Posez ensuite les jambes et relaxez vous un moment.*

2 *Montez les jambes, en tenant le bassin avec les mains. Amenez progressivement les mains dans le bas du dos pour soutenir les lombaires. Si la position est confortable, étirez les jambes jusqu'à ce que tout le corps soit à la verticale, le menton appuyé sur la poitrine. Rapprochez les coudes et descendez les mains vers le haut du dos pour redresser davantage le corps.*

Si la position est trop difficile à tenir, essayez seulement la demi-posture (représentée ici). Redressez les jambes et gardez les mains près du bassin. Relâchez pieds et jambes.

LE POISSON (MATSYASANA)

Le poisson est la contre-posture de la chandelle. Elle doit être pratiquée après cette dernière pour soulager les tensions des épaules et du cou. Cette posture améliore la capacité respiratoire, car la cage thoracique y est en grande expansion, mobilise la poitrine, le cou et le dos, et apaise les raideurs des muscles des cervicales, des lombaires et des épaules. Elle fortifie aussi les glandes thyroïde et parathyroïde, qui régularisent le taux de calcium du sang.

1 *Allongez-vous sur le dos, jambes tendues, pieds joints. Placez les mains sous les cuisses, paumes au sol et coudes relativement rapprochés. La tête repose sur le sol.*

2 *Inspirez et, en appuyant sur les coudes, soulevez la moitié supérieure du corps jusqu'à 45°. Gardez les coudes pliés resserrés sous le corps. Veillez à ce que les cuisses restent à plat sur les mains et les jambes bien tendues, droites et en contact avec le sol.*

3 *Arquez le dos, en étirant le cou vers l'arrière aussi loin que possible. Posez le sommet du crâne au sol, en gardant la poitrine ouverte. Faites quelques respirations profondes. Puis soulevez le tronc, relâchez le cou et ramenez le dos et la tête au sol. Relâchez les mains.*

LE COBRA (BHUJANGASANA)

Ce nom de cette posture provient de sa ressemblance avec l'attitude dressée du cobra. La colonne vertébrale s'étire vers l'arrière, vertèbre par vertèbre, permettant ainsi aux muscles dor-saux de se développer et de gagner en souplesse. Cette posture tonifie également les organes abdominaux, réchauffe le corps et aide à combattre les infections.

1 *Allongez-vous à plat ventre, le front au sol. Bras pliés, placez les mains sous les épaules, paumes au sol. Les jambes sont jointes et les orteils allongés.*

2 *Inspirez et levez doucement la tête en commençant par toucher le sol avec le nez, puis avec le menton. Et, en vous servant des muscles du dos plutôt qu'en vous repoussant avec les mains, levez doucement la poitrine, puis le torse. Assurez-vous que hanches et jambes restent bien en contact avec le sol.*

3 *Quand les bras sont presque tendus, tirez le cou et les épaules en arrière. Retenez votre souffle (ou bien respirez doucement) et conservez la posture aussi longtemps qu'elle reste confortable. Sentez l'étirement de toute votre colonne vertébrale. Ensuite, expirez et redescendez la poitrine et les bras, tout en gardant le regard porté au loin jusqu'à ce que votre tête touche le sol. Posez une main sur le poignet de l'autre et posez-y la tête tournée de côté. Recommencez trois fois.*

LA KINÉSIOLOGIE

Une bonne posture est essentielle au maintien de la santé. Une colonne vertébrale bien droite et qui bouge facilement permet à l'énergie, à l'influx nerveux et au sang de circuler sans entraves dans les divers organes. Les muscles qui tiennent le squelette doivent être bien équilibrés pour former une bonne posture. Les kinésiologues évaluent et corrigent les déséquilibres musculaires en notant quels muscles sont faibles ou solides, afin de restaurer l'équilibre postural.

On a besoin de coordination pour que le corps bouge sans effort. Cela requiert une bonne communication entre les différentes parties du corps : le cerveau et les muscles ; les muscles entre eux ; les yeux, les oreilles et les organes de la parole. En testant les muscles d'un patient, les kinésiologues peuvent évaluer ses capacités de coordination et éventuellement lui recommander certains exercices efficaces pour améliorer celle-ci.

EXERCICE MARCHÉ-CROISÉ

Cet exercice se fonde sur la façon de ramper d'un bébé et cherche à améliorer la coordination entre les côtés gauche et droit du corps et les hémisphères droit et gauche du cerveau. À l'origine, la kinésiologie était plutôt destinée aux enfants souffrant de handicaps cérébraux, mais les recherches ont démontré que n'importe qui pouvait en tirer d'importants bénéfices sur le plan de la coordination. Elle pourra également aider ceux qui souffrent de dyslexie ou de difficultés d'apprentissage, ainsi que les maladroits et les négligents.

Lorsqu'un bébé rampe, il favorise le développement de liaisons neuronales entre les hémisphères droit et gauche de son cerveau et les deux côtés de son corps. La construction précoce de telles liaisons est essentielle pour son développement ultérieur : stimuler les deux côtés du cerveau permet au corps comme à la tête de mieux fonctionner.

Nombreux sont ceux qui ont tiré quelque bienfait de cet exercice. Si cela n'était pas votre cas, n'hésitez pas à interrompre votre pratique et à consulter un professionnel.

Marchez lentement, avec attention, le regard fixé loin devant vous. Balancez les bras pour que chaque coude croise la ligne médiane du corps et touche le genou opposé (comme sur la photographie). Répétez le mouvement en changeant de côté dix fois. Continuez tout en tournant les yeux dans le sens des aiguilles d'une montre, puis dans le sens inverse, enfin en dessinant un huit. Il peut être utile de regarder un mur blanc. Marchez ensuite en bougeant le bras et la jambe du même côté à la fois, comme une marionnette. Recommencez ensuite le premier exercice.

Exercice d'intégration

Cet exercice implique un travail de visualisation et de déplacement qui active simultanément les deux hémisphères du cerveau et les deux côtés du corps. Il ne sert pas seulement à se centrer et à s'équilibrer, mais aussi à se calmer profondément sur le plan émotionnel, afin d'aider à résoudre certains problèmes enfouis, sources de conflits. On peut pratiquer cet exercice après le marché-croisé – ce qui permet d'en renforcer les effets – ou bien isolément.

1 *Étirez les bras largement sur les côtés en imaginant que chacune de vos mains tient un hémisphère de votre cerveau (au besoin, fermez les yeux). Laissez les mains se rapprocher lentement, sans effort, jusqu'à ce que les doigts s'entrecroisent et que les paumes se touchent. Persévérez, c'est un exercice difficile.*

2 *Pliez les bras, ramenez les mains croisées vers vous et posez-les contre votre sternum. Imaginez l'intégration des deux hémisphères et sentez qu'elle s'étend à chaque cellule de votre corps. Prenez le temps de bien apprécier cette sensation. Baissez les mains le long du corps et détendez-les avant d'ouvrir les yeux.*

ÉNERGIE ET DANSE ÉGYPTIENNE

Les enfants s'expriment en bougeant bien avant de savoir parler. Le mouvement est un mode de communication qui dépasse la barrière des générations et des races, mais que trop d'adultes négligent.

On étudie depuis des années les méthodes de guérison ou de relaxation et les enseignements spirituels de l'Orient, mais on oublie parfois de s'intéresser à sa danse. La beauté de la danse représente un langage universel qui peut exprimer des émotions profondes, bien au-delà des mots. La danse est un réservoir d'énergie et une vraie source de bonheur. Comme l'observe Margaret N.H. Doubler : « La danse existera tant que l'énergie circulera de façon rythmée, et tant que les humains continueront à répondre aux forces vitales et universelles. Tant qu'il y aura de la vie, il y aura de la danse. »

On danse à l'occasion de nombreux rituels partout dans le monde : au Moyen-Orient pour les mariages et les circoncisions, en Amérique du Sud pour les baptêmes et en Afrique pour les funérailles. En Inde, on perçoit la danse comme une forme de prière individuelle. Les tribus ont depuis longtemps reconnu le pouvoir de guérison et de libération de la danse, notamment à travers la pratique de la transe.

La danse du ventre, de tradition orientale, est devenue récemment populaire en Occident. On l'appelle également danse du Moyen-Orient ou danse égyptienne. En fait, il s'agit une expression artistique ancienne originaire du Moyen-Orient et d'Afrique dont on trouve trace au fil des siècles dans l'art, la littérature et la mythologie.

Les peintures des tombeaux égyptiens du XIVᵉ siècle avant notre ère montrent des portraits de danseuses à moitié dévêtues évoluant dans des positions semblables à celles de la danse du ventre. Il en est de même pour cer-

Cette miniature moghole du XVIIᵉ siècle montre l'extrême féminité de la danse orientale.

taines sculptures indiennes du Iᵉʳ siècle avant J.-C.

Il semble que la danse du ventre provienne de la combinaison de différents rituels de stimulation sexuelle – les mouvements ondulatoires du bassin et de l'abdomen représentant ceux de la conception et de la naissance, puisque, pendant le travail et l'accouchement, la femme s'accroupit et contracte l'abdomen pour mettre son enfant au monde.

Aujourd'hui, la danse du ventre est une forme artistique d'exercice physique, qui souligne plus la sensualité que la sexualité. Contrairement à certaines formes de danses occidentales qui placent l'énergie et le centre de gravité dans la poitrine, la danse du ventre concentre l'énergie dans la zone abdominale et le bassin. Cela maintient un lien étroit avec l'énergie de la terre à travers le chakra de base, en bas de la colonne vertébrale, et le chakra situé au niveau du sacrum. Là se trouve le centre de l'énergie sexuelle et créative, représentée par le serpent lové kundalini (voir p. 44).

Cette énergie, activée le long de la colonne vertébrale par la danse du ventre, crée une liaison avec la glande pinéale et engendre une forme d'énergie plus spirituelle. Le chakra du sacrum est par ailleurs relié aux liquides du corps, comme le flux menstruel, l'urine, les fluides séminaux et intestinaux. Nourrir l'énergie de ce chakra permet donc de résoudre certains problèmes physiologiques.

La danse du ventre est une façon saine et agréable de tonifier ses muscles abdominaux, surtout après une grossesse. Elle donne de l'énergie aux organes internes situés dans le bassin, active la circulation et équilibre le dosage hormonal. C'est une excellente forme de thérapie pour soulager la tension et la dépression, améliorant de façon subtile la vie sexuelle et convenant à tous les âges.

LA FIGURE DU HUIT

C'est l'un des mouvements de base de la danse du ventre, particulièrement indiqué pour tonifier les muscles abdominaux
et assouplir les hanches et les articulations du bassin.

Veillez à garder le haut du corps bien droit et faites partir le mouvement seulement des hanches. Équilibrez-vous en étirant les bras l'un au-
dessus de la tête et l'autre sur le côté.

*Tenez-vous debout, les pieds à l'aplomb des hanches. Gardez les pieds à plat
et les genoux légèrement fléchis pendant tout le mouvement. Poussez une
hanche un peu en avant et ramenez-la ensuite vers l'arrière. Puis, sans vous
arrêter, faites la même chose avec l'autre hanche, la poussant vers l'avant
et la ramenant vers l'arrière. Les hanches doivent dessiner horizontalement
un huit, de façon fluide et continue.*

RELÂCHER LES HANCHES

C'est un autre mouvement de base qui se fait
sur une jambe, puis sur l'autre. Sa pratique
régulière gardera le bassin souple et servira
à tonifier les hanches, les cuisses et les fessiers. Au début, mettre les mains sur les
hanches facilite le mouvement, mais, avec
la pratique, vous finirez par positionner
vos bras comme dans l'exercice précédent.
Gardez le cou et les épaules détendus.

1 *Tenez-vous debout, les pieds légèrement écartés.
Placez le pied droit légèrement devant le gauche.
Levez le talon droit, en gardant les orteils bien
au sol. Le genou de la jambe gauche, qui sert
de support pendant tout le mouvement, doit rester
fléchi. Servez-vous des orteils du pied droit pour
prendre appui, soulevez la hanche droite sur
le côté, poussez-la en avant et relâchez.*

2 *Faites un cercle avec la hanche
droite de l'avant vers l'arrière
et relâchez-la vers l'arrière. Levez
la hanche gauche et inversez le
mouvement. Le mouvement complet
doit être rythmé et léger. Recommencez
ensuite du côté gauche.*

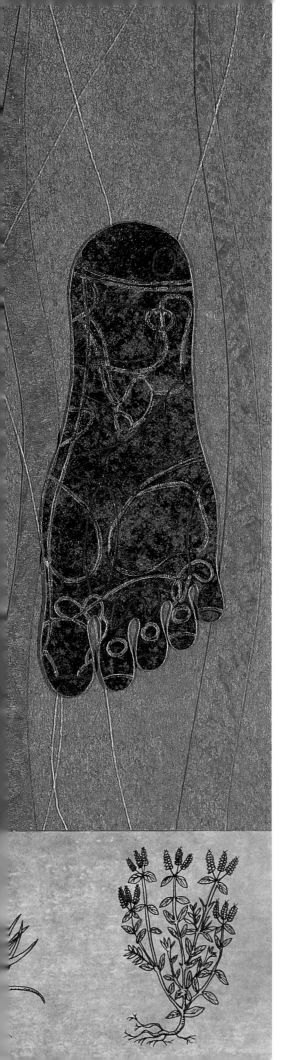

ÉNERGIE, MASSAGE ET TOUCHER

L A PLUPART DES THÉORIES ÉNERGÉTIQUES, qu'elles aient été conçues par les anciens Grecs ou par des médecins modernes, ne font aucune distinction entre l'énergie des humains et celle des autres êtres vivants. Hippocrate pensait qu'une seule et même énergie vitale alimentait toute chose. Selon le *Phèdre* de Platon, Hippocrate considérait le corps dans son ensemble plutôt que comme la juxtaposition de parties indépendantes, au point qu'un changement dans l'un des éléments affectait logiquement tous les autres. Accepter cette conception de la nature permet de comprendre comment la conscience de notre propre énergie peut nous aider à entrer en contact avec les autres humains, les animaux et même les plantes. C'est l'idée fondamentale des disciplines du massage énergétique, de l'aromathérapie et de la réflexologie.

Se préparer à un massage énergétique

En Orient, on reconnaît depuis longtemps les bienfaits du massage, aussi bien dans la vie quotidienne que dans les soins dispensés par les professionnels. Cette gravure japonaise montre un masseur traitant la jambe d'une femme.

Un massage énergétique ne touche pas seulement au corps mais affecte la qualité d'énergie circulant dans le corps subtil (voir p. 44-45). En le pratiquant, on construit un circuit d'énergie unique, par fusion des champs. Masser, c'est chercher à induire un flux d'énergie uniforme, en l'augmentant là où il est déficient, et en le réduisant là où il est en excès, sans imposer sa volonté sur l'énergie naturelle d'autrui.

Quand on travaille sur l'énergie, il faut s'assurer d'être correctement enraciné pour sentir le support puissant de la terre. On doit être détendu (afin que sa propre énergie puisse circuler librement), conscient de la polarité des mains et de l'état de deux chakras particuliers, celui du sacrum pour la force et celui du cœur pour la compassion.

Il faut aussi avoir conscience de sa propre énergie pour bien différencier les réactions du partenaire des siennes. En premier lieu, il faut donc se concentrer davantage sur soi-même que sur son partenaire, parce que le massage éner-gétique utilise avant tout la sensation juste de l'énergie en soi pour l'élaboration du tableau énergétique de l'autre.

Pour bien prendre conscience de votre propre champ énergétique, vous pouvez pratiquer cet exercice : debout seul dans une pièce, rechargez-vous d'énergie en bou-geant, en dansant ou en faisant du bruit. Quand l'énergie remplit la pièce comme un ballon écrasé dans une boîte, rassemblez-la autour de votre corps. Concentrez-vous sur vos sensations et restez conscient des limites de votre champ d'énergie. Est-il harmonieusement réparti, plus fort devant que derrière, en haut qu'en bas? Atteint-il vos pieds? Est-il dense ou diffus? Son bord est-il flou ou net? Se déplace-t-il, se transforme-t-il? Alors seulement, faites rebondir l'énergie sur le bord de votre champ d'énergie, en créant une légère pulsation. Recommencez tout l'exer-cice, en vous concentrant sur d'éventuelles différences de sensation. Si vous voulez, élargissez votre champ d'énergie en dehors de la pièce et faites-en encore rebondir l'éner-gie sur le bord. Rassemblez-le et concentrez-vous sur vos sensations. Recommencez tous les jours.

Il peut également être utile de pratiquer avec un ami un exercice de tuishou (voir p. 67), qui vous aidera à prendre conscience des polarités positive et négative de vos mains et stimulera la conscience de votre champ énergétique et de celui de votre partenaire.

La pièce doit être bien chauffée, il faut porter un vête-ment léger et couvrir la personne avec des serviettes ou des couvertures, la sensation de froid étant un sérieux obstacle à la circulation d'énergie. Si vous préférez tra-vailler au sol, installez la personne sur un futon ou un édredon pour plus de confort. Si vous avez une table de massage, elle doit vous arriver au niveau de l'aine – au-dessus, il vous serait difficile de relâcher vos épaules; au-dessous, vous pourriez vous faire mal au dos. Ayez à por-tée de main des oreillers d'épaisseurs différentes – pour qui a besoin d'un support supplémentaire sous la poi-trine, les chevilles, le bas du dos ou les genoux –, de l'huile préparée dans une bouteille souple pour éviter d'en répandre (voir p. 89), sachant que l'huile naturelle peut laisser une odeur rance sur une serviette lorsqu'on ne la lave pas avec de l'eau très chaude.

LES MOUVEMENTS FONDAMENTAUX

Les mouvements de base du massage énergétique sont décrits et expliqués dans leurs effets physiques et énergétiques. Faites attention à votre position quand vous massez : gardez le dos droit et les épaules relâchées.

EFFLEURER OU MASSER

On a l'habitude d'huiler légèrement la zone que l'on va masser pour entrer en contact avec elle, apprendre ses contours, apaiser et établir un rythme.

On a recours à l'effleurage pour bien sentir l'image énergétique de la partie du corps que l'on masse. Cela apaise à la fois celui qui donne et celui qui reçoit, et permet à leurs champs énergétiques de se détendre et de s'élargir. Cette technique est également utilisée pour calmer et « refermer » les zones massées après une séance.

Huilez vos mains et posez-les sur la zone que vous souhaitez masser, le plus loin possible du cœur. Vos doigts doivent se faire face, les mains l'une à côté de l'autre ou bien l'une sur l'autre. Épousez avec vos mains la surface du corps du partenaire et massez doucement mais fermement vers le haut, en allant aussi loin que possible. Agitez légèrement les mains et ramenez-les au point de départ. Recommencez plusieurs fois en rajoutant de l'huile si besoin et en couvrant toutes les zones à masser.

PÉTRIR OU MALAXER

On masse en un mouvement de pétrissage pour soulager les tensions musculaires, ainsi que pour répartir l'énergie. Une trop grande concentration d'énergie en un point est généralement liée à des tensions musculaires, mais pas toujours. On peut donc malaxer profondément ou non, selon les besoins.

LE GLISSEMENT DES POUCES

On se sert de ce mouvement de massage alterné des pouces pour masser en profondeur les tissus, toujours le long des muscles et le plus souvent dans le dos. C'est le geste le plus employé en massage énergétique, pour pénétrer, relier et équilibrer les méridiens.

Placez-vous face à la partie du corps sur laquelle vous allez travailler, les mains dirigées dans la même direction. Attrapez les muscles entre les doigts et le pouce d'une main, pressez et relâchez. Recommencez avec l'autre main, vers le haut puis vers le bas du corps, plusieurs fois, sur toute la zone à masser.

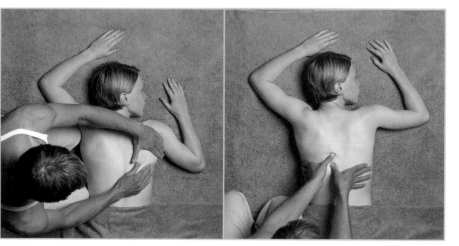

Installez-vous face au dos de votre partenaire, vers sa tête. Massez brièvement, un pouce après l'autre, en remontant le long des muscles d'un côté de la colonne vertébrale. Recommencez de l'autre côté.

UN MASSAGE ÉNERGÉTIQUE

Un massage complet du corps commence par l'arrière des jambes, remonte vers le dos jusqu'au cou, puis descend vers les bras et l'abdomen. Il se termine par l'avant des jambes et des pieds. On peut faire varier ce modèle pour s'adapter aux besoins ou aux préférences du partenaire, l'important étant la pleine conscience du massage.

Lorsque vous massez, soyez attentif à bien rester enraciné, détendu et à l'écoute de vos sensations. Votre « bulle de conscience » doit rester large et tenir compte de votre propre rythme respiratoire et de celui de votre partenaire, pour faire de cette séance un massage unique, créatif et plein de sensations.

ENTRER EN CONTACT

Bien que l'on puisse commencer un massage n'importe où sur le corps, la plupart des gens préfèrent n'exposer d'abord que leur dos ou l'arrière des jambes, jusqu'à ce qu'ils se sentent détendus. Pendant que vous vous huilez les mains, cherchez à ressentir votre champ énergétique. Élargissez cette perception à celle du corps de votre partenaire, et votre champ énergétique se déplacera naturellement jusqu'à vous entourer tous deux d'une « bulle de conscience ». Créez le contact en laissant flotter vos mains au-dessus des jambes de votre partenaire, jusqu'à ses pieds. Tenez-les un instant et concentrez-vous sur la sensation de vos pieds et de leur contact avec le sol.

1 *Les mains l'une au-dessus de l'autre, en direction opposée, massez l'arrière de la jambe la plus proche de vous, de la cheville à la fesse. Recommencez plusieurs fois. Pendant que vous vous détendez au rythme de cet effleurage, imaginez que vous massez les tissus plus en profondeur, sous la peau. Vos mains sont-elles en train de repousser ou de s'enfoncer? Quelles impressions ressentez-vous – saturation, tension ou faiblesse? Comment pourriez-vous réagir à ces impressions? Ne faites qu'observer sans rien changer à ce que vous faites. Puis massez de même l'autre jambe.*

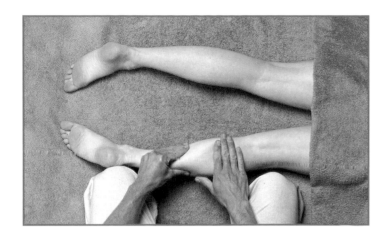
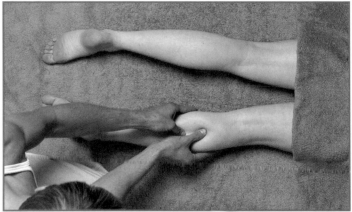

2 *Après avoir échauffé et relaxé totalement les muscles des jambes par cet effleurage, changez de position pour vous placer sur le côté d'une jambe de votre partenaire. Pétrissez l'arrière de cette jambe de la cheville au fessier, soulevant et malaxant de façon rythmée les muscles avec chaque main l'une après l'autre. Assurez-vous de maintenir le contact avec la jambe : il n'est pas nécessaire d'enlever les mains du corps de votre partenaire entre chaque pétrissage.*

La surface de la zone à masser varie considérablement quand vous remontez le long de la jambe, aussi devez-vous adapter vos massages : petits mouvements avec un doigt et le pouce sur le tendon d'Achille, puis les deux mains pour le mollet, et enfin trois allers-retours pour couvrir la totalité des faces interne, postérieure et externe de la cuisse. Observez l'élasticité des tissus dans les différentes zones et la façon dont elle varie. Malaxez lentement et profondément les zones plus faibles ou plus douces de la jambe, mais massez plus vite et plus vigoureusement les zones raides. Puis massez de même l'autre jambe.

3 *À nouveau dans l'axe d'une jambe, enveloppez avec les mains les deux côtés de celle-ci. Appuyez légèrement les pouces en les faisant glisser l'un après l'autre le long de la ligne médiane de l'arrière de la jambe, avec fermeté et en vous concentrant sur le sol.*

Soyez attentif aux zones qui cèdent, et accentuez alors légèrement la pression en déplaçant le poids de votre corps vers l'avant. Imaginez en même temps que vous avez des lasers au bout des pouces, pénétrant jusqu'à la face antérieure de la jambe de votre partenaire. Quelle est leur profondeur de pénétration ? Est-ce qu'ils s'enfoncent dans ce qui semble être des dépressions ou des trous ? Si oui, ralentissez. Est-ce que vous rencontrez des collines et des pentes ? Essayez de repousser les collines avec les pouces vers le haut, pour les aplanir. On ne parle pas ici des contours physiques des jambes mais plutôt des contours énergétiques que l'on peut ressentir lorsqu'on imagine que l'énergie du massage pénètre sous la surface. Puis massez de même l'autre jambe.

UTILISER LA POLARITÉ POUR UNE MEILLEURE HARMONIE

L'une des meilleures façons de stimuler l'énergie de votre partenaire est de la rééquilibrer en créant un pôle négatif et un pôle positif à l'aide de vos mains. C'est efficace n'importe où sur le corps, mais les meilleurs endroits, si vous êtes débutant, ce sont les jambes et le dos.

Utiliser votre conscience à la fois pour recevoir (pôle négatif) et pour projeter (pôle positif) permettra de stimuler la circulation d'énergie dans le corps de votre partenaire. L'augmentation du flux énergétique dans ses jambes enracinera et rafraîchira votre partenaire. Soyez simplement attentif à bien suivre les sensations

de collines et de vallées le long de la jambe. Observez aussi vos propres sensations de bien-être : attardez-vous dans les zones agréables à masser, pas dans les endroits plus inconfortables.

Finissez le travail sur cette première jambe par un effleurage qui vous permette de relâcher votre concentration et d'apaiser l'énergie. Passez de l'autre côté et recommencez sur l'autre jambe. Rappelez-vous que les sensations seront différentes, non seulement à cause de l'éventuelle différence d'énergie dans les jambes de votre partenaire, mais aussi à cause de votre propre préférence de polarité dans l'utilisation des mains.

Le regard concentré et fixé au loin, la « bulle de conscience » large

Les coudes et les épaules bien relâchés

C'est la main réceptive. Placez la main détendue sur le bas du dos de votre partenaire et laissez-la s'alourdir. Imaginez qu'elle pénètre son corps, à travers la peau et les os. Lorsque le contact est bien noué, passez dans un mode plus réceptif, à l'écoute d'informations et d'impressions. Gardez toujours la moitié de votre conscience dans cette main réceptive.

Les épaules et le cou relâchés

Tenez-vous agenouillé ou debout à mi-distance entre vos mains. Changez de position au rythme de votre main active, de façon à rester centré.

C'est la main active. Imaginez un laser au bout du pouce qui remonte le long de la ligne médiane de la jambe de votre partenaire, pénétrant aussi profondément que possible, sans pression. Servez-vous de votre volonté pour aller plus loin encore et pour suivre les contours énergétiques. Concentrez-vous sur les zones qui semblent vides.

Laissez le poids de votre corps s'ancrer au sol.

La puissance de la volonté

Une fois que vous savez harmoniser l'énergie chez votre partenaire, vous pouvez apprendre à découvrir les vallées (où l'énergie est déficiente) et les collines (où elle est en excès). Vous pouvez vous servir de votre volonté pour pénétrer et traverser le corps. Insistez tout particulièrement sur les vallées : quand vous ouvrez ces zones négligées ou déficientes, l'excès d'énergie stocké dans les collines se met automatiquement à y circuler, restaurant ainsi l'équilibre naturel du corps.

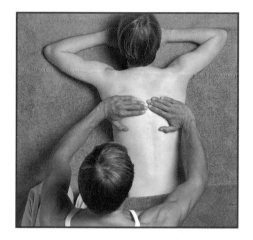

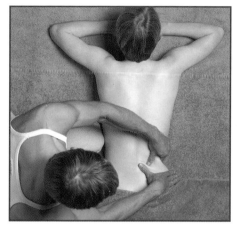

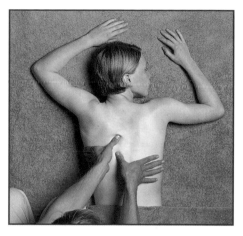

1 Placez-vous à l'arrière de votre partenaire. Massez le dos fermement, des hanches jusqu'en haut du dos. Secouez les mains avant de redescendre de part et d'autre de la colonne vertébrale, et de recommencer à partir du bas du dos. Recommencez plusieurs fois en vous détendant au rythme du massage. Soyez attentif à vos sensations et impressions.

2 Mettez-vous sur le côté de votre partenaire et malaxez tout le dos, des hanches aux épaules d'un côté, et recommencez à partir des hanches de l'autre côté. Massez tout le dos deux ou trois fois – vous remarquerez les endroits raides et noués. Il est plus difficile en revanche de sentir les endroits faibles ou déficients. Cependant, ces derniers sont plus faciles à traiter en termes d'énergie.

3 Remontez le long du dos en glissant avec les pouces l'un après l'autre, puis changez de côté. Imaginez que vous avez des lasers au bout des pouces, pénétrant jusqu'à la face antérieure de votre partenaire. Allez assez doucement pour sentir les collines et les vallées de son champ énergétique, à l'écoute de toutes les impressions et sensations reçues.

4 Déplacez-vous comme indiqué sur la photo. Placez les bras de votre partenaire sur les côtés de son corps. Mettez une main réceptive sur une épaule et posez l'autre aussi près que possible du cou, le pouce sur le haut de l'épaule. Appuyez et faites glisser votre pouce le long de l'épaule. Laissez le reste de la main se déplacer en gardant le pouce en contact avec l'épaule. Quand vous atteignez l'articulation, recommencez le processus un peu plus bas que l'épaule, orientant la pression un peu plus vers l'avant du corps. Recommencez de nouveau un peu plus bas encore. Changez ensuite de main et d'épaule. Terminez en effleurant le dos pour l'apaiser.

CRÉER LE CHANGEMENT

Comme l'énergie circule naturellement entre le cou, la poitrine et les bras, il peut être difficile – autant que bénéfique – de les masser. Vous rendrez le contact énergétique plus aisé en commençant par les mains. Les gens se sentent vulnérables lorsqu'ils exposent leur abdomen, mais c'est une zone intéressante à masser parce qu'elle est très réceptive et sensible aux modifications énergétiques. Si vous êtes réceptif à ce que vous percevez, votre partenaire se sentira profondément détendu après le massage.

1 *Dégagez d'abord les cheveux. Placez les mains en face l'une de l'autre, sur le haut de la poitrine de votre partenaire. Secouez-les immédiatement au-dessus de l'articulation de l'épaule et passez-les ensuite sous les épaules avant de remonter vers le cou. Levez les mains et recommencez. Répétez cette forme d'effleurage plusieurs fois.*

2 *Placez vos doigts derrière le cou de votre partenaire, là où commence le crâne, vos mains en coupe sous sa tête. Veillez à ne pas la lever trop haut (si vous êtes au sol, le plus simple est de vous agenouiller en plaçant une cuisse de chaque côté de sa tête). Arrondissez les doigts et penchez-vous légèrement vers l'arrière, en cherchant à sentir l'élasticité du cou de votre partenaire quand la tête est légèrement étirée. Recommencez le mouvement en rythme plusieurs fois, détendant un peu plus chaque fois la colonne vertébrale de votre partenaire. Avec la pratique, vous devriez pouvoir voir ses pieds bouger quand vous étirez son cou. Terminez en effleurant la poitrine et le cou.*

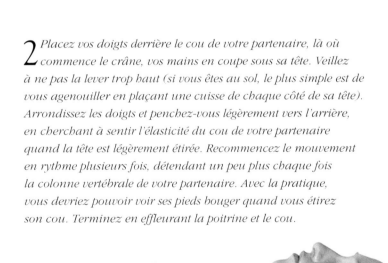

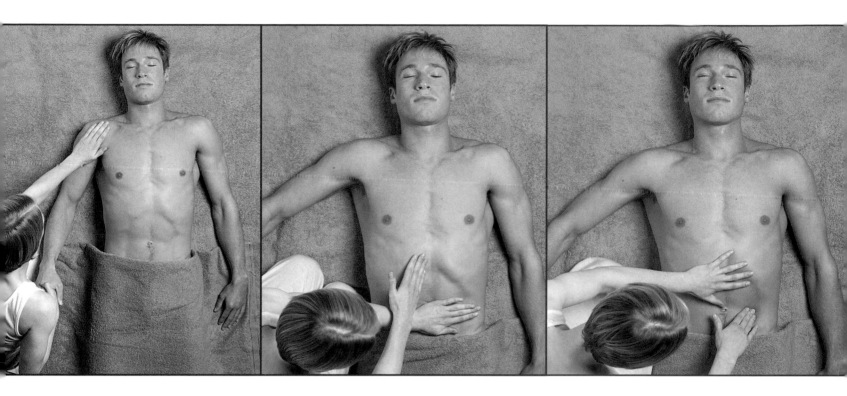

3 Attrapez sa main comme si vous vouliez la lui serrer. Massez la partie du bras que vous pouvez atteindre aisément avec l'autre main et revenez. Changez de main en changeant la position du bras de votre partenaire pour masser une autre partie. Continuez jusqu'à avoir couvert tout le bras.

Ouvrez les paumes de votre partenaire en les étirant avec les pouces – servez-vous des autres doigts comme support. Faites de petits mouvements circulaires avec les pouces dans les paumes. Puis, en soutenant le poignet de votre partenaire d'une main, tenez les côtés de son petit doigt à sa base entre le pouce et l'index de l'autre main. Tirez et glissez, en vous penchant en arrière pour étirer le doigt et le bras. Recommencer sur tous les doigts.

4 L'abdomen est la zone du corps où l'on sent le mieux l'énergie. Commencez à travailler sur cette région en y posant les mains. Enracinez-vous et harmonisez-vous avec l'énergie de votre partenaire avant de travailler sur cette région vulnérable. Passez de l'huile sur l'abdomen et massez dans le sens des aiguilles d'une montre avec une main détendue autour du nombril. Votre autre main s'associera au mouvement quand vous vous sentirez prêt pour masser de façon rythmée. Continuez une minute, ou plus si votre partenaire apprécie. Veillez à garder les épaules basses et les bras et les mains relâchés.

5 Placez une main réceptive sur la partie supérieure de son abdomen, et les doigts de l'autre main à plat sur le côté en bas de l'abdomen, près de sa hanche. En appuyant progressivement et en restant attentif à tout signe de résistance, penchez le poids de votre corps en avant et projetez l'énergie vers le bas aussi profondément que possible dans l'espace intérieur de votre partenaire. Si vous sentez des résistances, cessez d'appuyer. Allez aussi profond que votre partenaire vous le permet et soulagez la pression aussi progressivement que vous l'avez appliquée. En bougeant votre main réceptive si nécessaire, maintenez ces pressions sur l'abdomen, en cercles concentriques, jusqu'à atteindre le nombril, qu'on ne doit pas presser. Faites attention aux zones de pénétration très profondes, restez-y avec une attention calme et détendue jusqu'à sentir un changement. Ne poussez ni ne forcez jamais, et assurez-vous de rester conscient de votre souffle.

ENRACINER LE PARTENAIRE, TERMINER LE MASSAGE, SE SÉPARER

Les membres inférieurs supportent physiquement le reste du corps. Améliorer la circulation d'énergie dans les cuisses, les genoux, les mollets, les chevilles et les pieds apporte une bonne stabilité au corps du partenaire, permet d'affiner sa perception de la puissance de la terre et de l'enraciner dans la sécurité de son lien au sol. Masser et tenir les membres inférieurs lui apportera chaleur et détente dans les jambes et les pieds pour créer un bon équilibre dans son corps. Il est important d'achever avec soin et sans hâte le massage énergétique. Laissez-vous du temps, à vous-même ainsi qu'à votre partenaire, pour assimiler les changements et les bienfaits de la séance avant de vous séparer sur le plan émotionnel, énergétique et physique.

1 *Effleurez l'avant de la jambe comme vous l'avez fait pour le dos (voir p. 83). Commencez par la cheville et remontez le long de la jambe en allant jusqu'à l'extérieur de la cuisse, vous arrêtant un peu avant l'aine sur la face interne de la cuisse. Recommencez suffisamment pour établir un rythme tout en gardant les épaules basses pendant ce long étirement.*

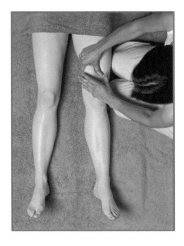

2 *Divisez la cuisse en trois (l'avant et les deux côtés). Pétrissez chaque partie (voir p. 79) dans son entier en restant attentif à toute zone douloureuse. Vous verrez qu'il est possible de malaxer l'intérieur du genou, la rotule elle-même et la zone située au-dessus. Les structures énergétiques sont souvent déformées autour du genou. On peut y découvrir des dépressions et des creux aussi bien que des collines et des zones congestionnées.*

3 *Avec une main réceptive posée sur l'abdomen, glissez sur le dessus de la jambe de votre partenaire en remontant de la cheville vers le haut de la cuisse. Le pouce doit tourner autour de la rotule. Gardez le reste de votre main en contact léger avec la jambe de votre partenaire et orientez votre volonté vers l'arrière de sa jambe.*

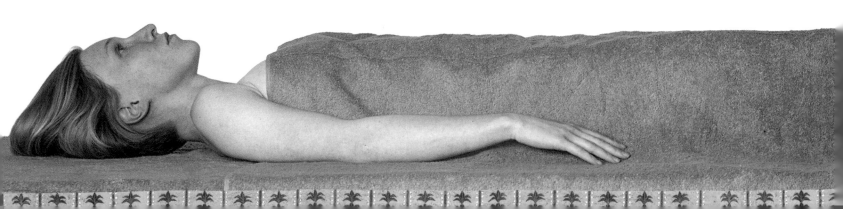

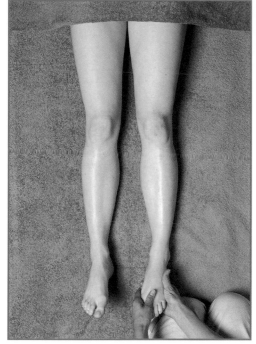

5 *Attrapez la base du gros orteil de votre partenaire par les côtés entre le pouce et l'index. Remontez en glissant le long de l'orteil tout en vous penchant vers l'arrière pour l'étirer. Recommencez pour tous les orteils tour à tour. Imaginez des cordes remontant dans le corps de votre partenaire par les orteils. Tirez sur ces cordes tout en étirant les orteils. Recommencez les phases 1 à 4 avec l'autre jambe.*

4 *D'une main, soutenez par la cheville le pied de la jambe sur laquelle vous avez travaillé. En vous servant du pouce de l'autre main, étirez vers le bas le bout du pied entre les tendons, de la cheville vers les orteils, pendant que vos doigts se déplacent le long de la voûte plantaire. Orientez le pouce et les doigts les uns vers les autres en imaginant que leurs « lasers » respectifs se rencontrent au milieu du pied. Allez lentement et profondément en faisant attention aux creux.*

COMMENT TERMINER LE MASSAGE
Tenez les pieds de votre partenaire, les pouces sur la base des orteils. Restez conscient de vos propres pieds, de votre assise, de votre souffle et de votre « bulle de conscience ». Mettez-vous autant que possible au diapason de votre partenaire, des pieds à la tête si vous pouvez. Relâchez ensuite le contact.

Séparez votre « bulle » de celle de votre partenaire et ramenez-la autour de vous. Retirez définitivement vos mains du corps de votre partenaire et passez-les sous l'eau courante. Assurez-vous que vous vous sentez tous deux totalement séparés.

L'ÉNERGIE DES HUILES ESSENTIELLES

En Inde, parfumeurs et aromathérapeutes savent choisir habilement les senteurs les mieux appropriées à l'humeur de ceux auxquels elles sont offertes. Cette peinture d'un artiste de la Compagnie anglaise des Indes orientales date de 1825 et montre un parfumeur dans sa boutique au milieu d'huiles essentielles.

Le parfum agit sur la conscience humaine comme la musique. Tous deux engendrent des changements émotionnels, modifient l'humeur et rappellent des souvenirs. Le vocabulaire reflète cette similarité. Les odeurs consistent en des notes inférieures, médianes et supérieures, et le parfumeur les range dans cet ordre dans un meuble à étagères appelé « orgue ». Les huiles essentielles peuvent toucher directement l'énergie humaine parce qu'elles résonnent à une fréquence compatible. C'est pourquoi, provenant de cellules vivantes de plantes et d'animaux, elles s'accordent mieux aux cellules humaines vivantes que les parfums industriels. Les fréquences des odeurs affectent le champ énergétique humain de diverses façons : les notes inférieures tendant à baisser les vibrations sont apaisantes ; les supérieures tendant à les hausser sont énergisantes ; les moyennes apportent un équilibre entre les deux extrêmes. Certaines qualités énergétiques de différentes huiles essentielles s'opposent, mais la meilleure façon de découvrir l'énergie d'une huile pour soi-même est d'observer ses propres réactions : sentir l'odeur d'une goutte sur un tissu et lui laisser manifester ses qualités, et essayer de localiser la qualité vibratoire unique de chaque huile.

Notre odorat est lié à nos émotions et à nos instincts. Selon John Steele, l'épithélium olfactif (petit groupe de récepteurs de l'odorat situé à l'arrière de chaque narine) est la seule partie du système nerveux à être directement exposée à l'atmosphère, à la limite entre réalité et conscience. Par l'intermédiaire des bulbes olfactifs, il est relié au système limbique du cerveau d'où viennent nos réponses émotionnelles et instinctives. En raison de ce lien profond entre odeur et conscience, des civilisations très anciennes ont utilisé le parfum pour créer des changements d'humeur, que ce soit à titre personnel, social, spirituel ou médical.

Les Égyptiens avaient une grande connaissance des plantes aromatiques. Ce bas-relief du IVe siècle montre comment ils pressaient les fleurs pour en extraire les huiles essentielles.

LES HUILES ESSENTIELLES ET LEURS VERTUS

PARFUMS AUX NOTES BASSES

Bois de santal

Le parfum sucré et rustique du bois de santal calme le mental, apaise l'anxiété et le « bavardage » mental. On l'utilise en Inde comme aphrodisiaque ainsi que comme encens pour son effet calmant. L'harmonie particulière de ses vibrations touche à la fois le chakra de la base de la colonne vertébrale et celui du sommet du crâne. Sur le plan physique, son parfum diminue la chaleur et la sécheresse des poumons, et adoucit la peau. Il est excellent contre les irritations de l'appareil uro-génital.

Encens

L'encens a un caractère moins rustique et plus enivrant que le bois de santal. On lui a trouvé une substance psycho-active capable d'élargir la conscience, ce qui explique qu'on l'ait toujours considéré comme utile à la méditation. Il éclaire les parties supérieure et extérieure du champ énergétique et en augmente la clarté. Sur le plan physique, il s'associe, comme le bois de santal, aux poumons et à la peau, et favorise l'approfondissement de la respiration.

PARFUMS AUX NOTES MOYENNES

Camomille

Les meilleures camomilles sont l'allemande et la romaine. Les deux agissent de façon semblable, viennent de variétés de plantes tenues comme sacrées d'abord par les Égyptiens puis par les Saxons et utilisées depuis des siècles en médecine pour le corps comme pour l'esprit. La camomille est liée aux chakras du plexus solaire et de la rate (celle-ci possède, selon de nombreux thérapistes, son propre chakra), tous deux associés à la polarité donner-recevoir. Elle calme l'esprit inquiet, actif, aide à accepter les choses et restaure l'équilibre entre donner et recevoir, ce qui est vital pour se sentir stable et en sécurité. Sur le plan physique, la camomille est un anti-inflammatoire et entre en relation avec les systèmes nerveux et digestif.

Lavande

La lavande est un excellent remède de premier secours qui a tant d'utilisations physiques que ses propriétés énergétiques nous échappent souvent. Sous forme d'huile, elle est utile contre les petits soucis du quotidien, tels que les chocs, car elle calme et stabilise la circulation d'énergie. Son action apaisante purifie, tandis que son action stabilisante réconforte, sur les plans émotionnel et physique. Son nom vient du latin *lavare*, qui signifie « laver » : c'est une huile qui nous lave de nos soucis et nous donne la force de vivre pleinement.

PARFUMS AUX NOTES SUPÉRIEURES

Bergamote

La bergamote est une huile joyeuse, légère et délicate au parfum plein d'éclat et de chatoiement. Sa qualité insouciante peut dénouer une dépression associée à un sentiment d'amertume ou de ressentiment. Quand la limite du champ énergétique est rigide ou contractée, cette huile semble y remédier, en restaurant l'ouverture naturelle et la pulsation du champ. Sur le plan physique, elle permet au système digestif de retrouver un rythme naturel et peut soulager les problèmes hormonaux. Cependant, veillez à ne pas l'utiliser au soleil, car elle contient une substance chimique photosensible capable d'abîmer la peau (il existe une variété de bergamote qui ne contient pas cette substance).

Romarin

Le romarin est une plante connue pour ses effets toniques. Son parfum produit au départ un sursaut d'éveil puissant et apporte un soutien doux et sûr au cerveau. Les sens deviennent plus vifs et le champ énergétique vibre à une plus haute fréquence. Il soulage également les foies paresseux et les articulations douloureuses. Ne pas en prendre pendant la grossesse, l'allaitement ou toute affection fiévreuse. Ne pas administrer aux enfants de moins de deux ans, ni aux personnes souffrant d'épilepsie ou de problèmes de tension.

COMMENT UTILISER LES HUILES ESSENTIELLES

Pour le massage, il faut toujours délayer les huiles essentielles dans un excipient comme de l'huile d'amande douce, végétale ou d'olive. Mélangez à raison de 5 gouttes d'huile essentielle pour 20 millilitres d'excipient et gardez le mélange dans une bouteille en plastique. On peut se servir d'huiles essentielles pour autre chose que le massage : bains, inhalations et compresses. On parfumera une pièce en utilisant un diffuseur ou un brûleur, ou simplement on en humera quelques gouttes versées sur un mouchoir.

UN MASSAGE FACIAL AROMATHÉRAPIQUE

Les propriétés de régulation de l'humeur que l'on trouve dans les huiles essentielles seront particulièrement mises en valeur par le massage facial. Non seulement l'effet des huiles appliquées sur le visage sera plus intense, mais le massage lui-même décuplera son pouvoir à la fois relaxant et exaltant. Les recherches ont montré qu'il existe une réaction mutuelle entre le cerveau et les muscles de l'expression du visage. En d'autres termes, un froncement de sourcils accroît la mauvaise humeur, un sourire rend plus heureux. Détendre les tensions du visage permet donc de calmer le mental. Le maître zen shiatsu Masunaga disait ainsi à ses élèves que le shiatsu du visage fait du bien à l'âme.

Avant d'effectuer un massage facial, veillez à ce que la personne soit à l'aise et ait bien chaud, avec la tête au bord du lit (n'oubliez pas de protéger le couvre-lit d'une serviette) Si vous avez les cheveux longs, attachez-les et dégagez ceux de votre partenaire. Il est difficile d'éviter qu'un peu d'huile ne coule sur les cheveux, encore plus difficile de faire un massage en s'en souciant, donc informez-en votre partenaire. Si vous massez un homme, il vaut mieux qu'il soit rasé.

Diluez votre huile en vous servant d'une faible dilution de 5 gouttes d'huile essentielle pour 20 millilitres (4 cuillerées à café environ) d'excipient, que vous garderez à portée de main dans une bouteille souple. Mettez-vous à genoux derrière votre partenaire ou asseyez-vous sur un tabouret, selon la hauteur du lit. Avant de commencer le massage, laissez flotter les mains au-dessus de la poitrine de votre partenaire et accordez-vous à sa respiration. Cherchez à percevoir votre champ énergétique et élargissez-le pour y inclure votre partenaire, en créant votre « bulle de conscience ». Huilez la surface entière de la partie supérieure de la poitrine de votre partenaire, ses épaules, son cou et son visage par de longs balayages. Commencez par un effleurage du cou et des épaules (voir p. 84).

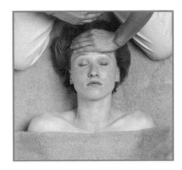

1 Placez vos mains en creux sur le visage de votre partenaire et massez sa joue de la mâchoire à la tempe, les mains l'une sur l'autre. Massez vers le haut et vers l'extérieur, toute la joue, plusieurs fois, doucement et en rythme. Puis, sans casser le rythme, recommencez avec l'autre joue.

2 En gardant le même rythme et le même mouvement, massez le front vers le haut, des sourcils vers la racine des cheveux, déplacez-vous vers le milieu du front et faites de longs massages de l'arête du nez vers la racine des cheveux. Imaginez que vous enlevez les tensions des muscles du front.

3 Le bout des doigts sous le menton de votre partenaire et les pouces dans le sillon sous la lèvre inférieure, glissez le long du menton, d'abord avec une main puis avec l'autre. Les mains doivent refaire le chemin inverse. Pressez les muscles du menton entre les doigts et les pouces, et relâchez ensuite.

4 Allongez les doigts et, avec le bout, faites de petits cercles du milieu vers l'extérieur de la lèvre inférieure et autour des lèvres. Continuez des deux côtés du nez jusqu'à l'arête du nez. N'appuyez pas trop fort, mais imaginez que vous pénétrez en dessous de la surface pour dégager les conduits du nez.

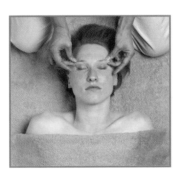

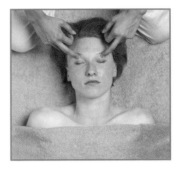

5 Attrapez le bord interne du sourcil entre le pouce et le majeur de chaque main. Pincez doucement et relâchez tout le sourcil, puis enlevez votre doigt en le laissant glisser.

6 Avec les majeurs, massez doucement les bords de l'orbite en partant du coin intérieur de la paupière vers le coin extérieur. Revenez sous l'œil vers le nez en faisant des mouvements circulaires très doux. Conservez une « bulle de conscience » très large et recommencez.

7 Tournez vos mains, le dos des paumes vers vous. Placez le bout des doigts à la racine des cheveux de votre partenaire et grattez-lui le cuir chevelu doucement. Vos doigts doivent être assez rapprochés pour dégager les racines des cheveux du cuir chevelu. Couvrez aussi largement que possible le cuir chevelu et continuez aussi longtemps que vous le voulez : votre partenaire va se sentir flotter.

INTRODUCTION À LA RÉFLEXOLOGIE

On sait depuis des milliers d'années à quel point un massage des pieds peut relaxer. Cette miniature indienne du XIXᵉ siècle montre le dieu Vishnu allongé sur le serpent d'éternité Ananta. La déesse Shri lui frictionne les pieds.

La réflexologie est une thérapie qui vise à équilibrer l'énergie du corps en y accédant par les pieds, se fondant sur le principe qu'il y a des réflexes dans les pieds (et les mains) qui sont liés à toutes les autres parties du corps. On dit qu'il existe 7 200 nerfs aboutissant aux pieds à partir desquels un réseau complexe permet d'accéder à toutes les parties du corps. Des pieds, les nerfs remontent le long des jambes jusqu'à la colonne vertébrale pour se diriger ensuite vers les autres membres, les organes et la tête. La réflexologie stimule à distance chacune des parties du corps, aidant à équilibrer l'énergie et permettant au corps de guérir par ses propres moyens.

Un tel intérêt pour les pieds n'est pas nouveau : à Saqqarah, en Égypte, on peut voir sur les peintures murales

En Thaïlande, le massage des pieds est considéré comme une façon naturelle de se détendre. On peut voir travailler des réflexologues, comme cet homme, à Bangkok, sur la plage ou dans des parcs.

de la tombe d'Ankhmahor, médecin très influent de la VIᵉ dynastie (vers 2330 av. J.-C.), des représentations de massage des pieds et des mains.

Des études cliniques commencées en 1890 par sir Henry Head, neurologue londonien, montrent que certaines parties du corps sont reliées entre elles. Il découvrit que des parties spécifiques de la peau deviennent sensibles à la pression quand un organe est malade, et comprit qu'il existe certaines liaisons nerveuses entre ces mêmes parties. Le Dʳ William Fitzgerald, oto-rhino-laryngologiste américain, explora encore davantage ce domaine et découvrit que, en appliquant une pression constante sur certaines parties des doigts, il pouvait induire une anesthésie locale à n'importe quel endroit spécifique du corps et donc mener des opérations bénignes sans souffrance. Fitzgerald divisa ainsi le corps en dix zones, démontrant qu'une pression exercée sur l'une de ces zones peut soulager la souffrance d'une autre partie de la même zone. Il publia ses théories en 1917 dans un livre intitulé *Zone Therapy*, écrit en collaboration avec le Dʳ Edwin Bowers, et ses idées furent ensuite développées par Eunice Ingham (1879-1974) qui, à force de travail empirique, put établir la carte des pieds et des zones qui leur sont reliées, carte aujourd'hui encore utilisée par les réflexologues modernes.

Les blocages d'énergie peuvent venir du stress, d'une mauvaise circulation sanguine et d'un manque d'exercice, facteurs d'accumulation de toxines dans les tissus. Quand on est en bonne santé, on les élimine par le système urinaire. Cependant, si elles restent dans le corps, elles peuvent aller jusqu'à former des cristaux qui, sous l'effet de la pesanteur, viennent s'amalgamer sous la peau des pieds. Un réflexologue peut sentir dans quelles parties du pied les cristaux se regroupent. Les réflexes de cette zone correspondent aux parties malades du corps et sont donc extrêmement sensibles à une pression de réflexologie.

Après avoir localisé les réflexes douloureux et donc les cristaux, le thérapeute massera la zone et brisera les cristaux, ce qui améliorera l'approvisionnement en sang et en énergie de la zone correspondante. Les toxines se libèrent dans le flux sanguin et sont éliminées par les reins. Il est donc très important de boire 50 centilitres d'eau juste après le traitement et de boire beaucoup d'eau durant les quarante-huit heures suivantes, de se reposer et de laisser le corps achever sa guérison. Il peut y avoir des effets secondaires pendant l'élimination des toxines, tels que maux de tête, boutons ou élimination digestive et urinaire plus abondante qu'à l'accoutumée.

La réflexologie est une médecine puissante qui doit être pratiquée par un spécialiste. Elle ne peut donner de bons résultats sur ceux qui souffrent de thrombose, ont des verrues ou sur celles dont la grossesse est difficile. Dans tous les cas, une consultation préalable est indispensable.

PLANCHE DE RÉFLEXOLOGIE

Les réflexologues se servent encore des planches élaborées par Eunice Ingham. Elles représentent le corps sur la plante des pieds, avec les réflexes de la tête dans le gros orteil, la colonne vertébrale le long de la face interne de chaque pied et les épaules sur le bord extérieur, juste en dessous des orteils. Les organes du côté droit, comme le foie, ont des points réflexes correspondants sous le pied droit, et ceux du côté gauche, comme le cœur, ont des points réflexes sous le pied gauche. Les planches ci-dessous montrent les points réflexes des parties les plus importantes du corps.

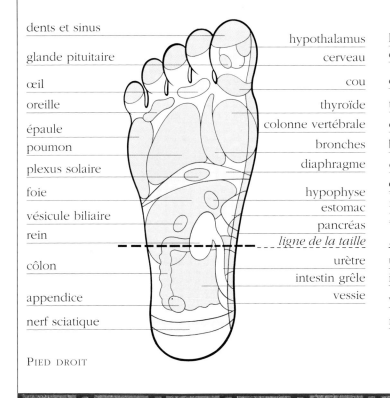

dents et sinus
glande pituitaire
œil
oreille
épaule
poumon
plexus solaire
foie
vésicule biliaire
rein

côlon

appendice

nerf sciatique

PIED DROIT

hypothalamus
cerveau
cou
thyroïde
colonne vertébrale
bronches
diaphragme
hypophyse
estomac
pancréas
ligne de la taille
urètre
intestin grêle
vessie

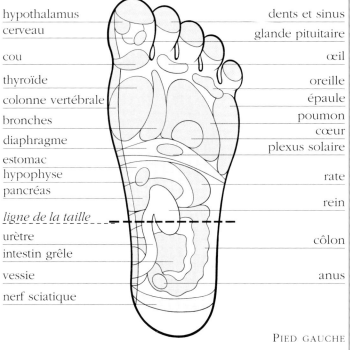

hypothalamus
cerveau
cou
thyroïde
colonne vertébrale
bronches
diaphragme
estomac
hypophyse
pancréas
ligne de la taille
urètre
intestin grêle
vessie

nerf sciatique

dents et sinus
glande pituitaire
œil
oreille
épaule
poumon
cœur
plexus solaire

rate

rein

côlon

anus

PIED GAUCHE

Un massage énergétique des pieds

Ce massage équilibre l'énergie du corps en prenant pour accès les zones réflexes du pied. Pour vous masser le pied, asseyez-vous bien droit sur une chaise, en posant le pied à masser sur le genou opposé. Cependant, c'est plus relaxant si c'est un ami qui vous masse, d'autant plus que l'interaction de l'énergie de deux personnes est très bénéfique. Commencez par le pied droit, puis recommencez la séquence sur le pied gauche.

Il est important que votre partenaire et vous-même soyez bien installés. Vous pouvez vous asseoir tous deux sur des chaises et mettre les pieds de votre partenaire sur vos cuisses. Votre partenaire peut aussi s'allonger sur un lit, vous assis à ses pieds. Gardez les yeux ouverts pour détecter tout signe de malaise et pouvoir communiquer. Le

dos droit, les épaules relâchées et les pieds à plat par terre, assurez-vous que votre partenaire a les bras décroisés, que vous avez tous deux enlevé bijoux et montres, et que vous ne portez pas de vêtements serrés. Vos mains doivent être propres et vos ongles coupés court.

De l'huile d'amandes douces ou de pépins de raisin avec un peu d'huile essentielle de menthe poivrée ou de citronnelle (voir p. 88-89) rafraîchira les pieds. Une huile plus épaisse comme le jojoba ou l'avocat, avec quelques gouttes d'encens ou de bois de santal, sera bienfaisante si votre partenaire a la peau sèche. De nombreux réflexologues estiment qu'on tient mieux le pied en le saupoudrant de talc, et qu'il vaut mieux ne pas utiliser d'huile. Essayez, et vous verrez ce qui vous convient le mieux.

L'enracinement

Les manœuvres d'enracinement ont pour but de relier votre énergie et celle de votre partenaire à la terre, permettant à l'énergie négative de s'écouler du corps vers le sol et à l'énergie positive d'être attirée en vous deux. C'est pourquoi on s'en sert pour stabiliser les énergies et pour concentrer le mental. Il faut exécuter ces manœuvres avant et après chaque massage.

Placez vos mains sous les pieds de votre partenaire de telle sorte que le milieu de vos mains touche le milieu de ses pieds, vos doigts allongés sur les orteils. Inspirez et expirez lentement et profondément.

En inspirant, imaginez que l'excès d'énergie négative qui se dégage du corps de votre partenaire vous pénètre. En expirant, imaginez que ces énergies indésirables traversent vos pieds pour aller s'écouler dans le sol.

À l'inspiration suivante, imaginez que vous puisez dans le sol de l'énergie positive et salutaire pour votre corps. En expirant, visualisez que vous remplissez le corps de votre partenaire de cette énergie bienfaisante issue de la terre.

Continuez ce processus pendant quatre cycles (huit respirations). Dégagez vos mains des pieds de votre partenaire et rompez les liens d'énergie. Pendant deux respirations profondes encore, imaginez que vous tirez de l'énergie positive de la terre en inspirant et que vous éliminez l'énergie négative en expirant. Cela va stabiliser et enraciner votre énergie avant que vous continuiez ou terminiez le massage.

Faire respirer le plexus solaire

Le plexus solaire est un réseau de nerfs qui alimente les organes abdominaux. Appuyer sur le point réflexe du plexus peut soulager les tensions du diaphragme de votre partenaire, favorisant la respiration profonde, soulageant le stress et la nervosité. Cette technique relie aussi votre mode de respiration à celui de votre partenaire, afin que vos énergies fonctionnent harmonieusement.

Placez doucement vos mains sur l'extérieur des pieds de votre partenaire. Appuyez le pouce au milieu de la plante du pied, à l'aplomb de l'orteil du milieu et juste en dessous du début de la voûte plantaire. La petite dépression qui s'y trouve est le point réflexe du plexus solaire. Demandez à votre partenaire d'inspirer profondément et de retenir son souffle dix secondes. Appliquez la pression à ce moment-là, puis relâchez-la en expirant très lentement et en vous servant de vos doigts pour tirer doucement ses pieds vers vous. Recommencez cette manœuvre six fois.

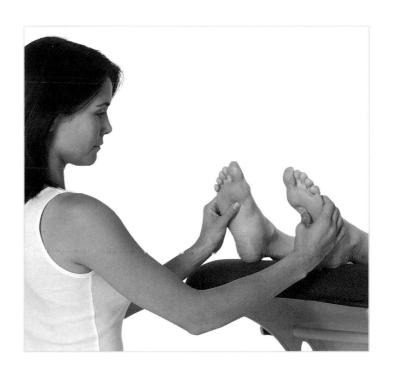

Détendre le corps

Remonter le long de la plante du pied avec les pouces soulage les blocages des zones réflexes du système digestif, des poumons et du cœur. Frotter les pieds enlève les tensions et l'excès d'énergie, ce qui débloque les tensions de la colonne vertébrale, des hanches et de la ceinture scapulaire. La rotation des chevilles favorise le relâchement des blocages énergétiques de cette zone et détend ainsi les points réflexes de la ceinture pelvienne, du côlon et du système génital.

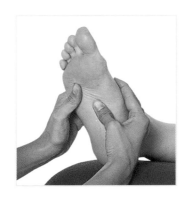

1 Prenez le pied avec les deux mains. Avec la pulpe du pouce, massez fermement la plante du pied vers le haut et vers l'extérieur, au-dessus du cou-de-pied vers la base des orteils. Recommencez jusqu'à avoir couvert toute la plante du pied.

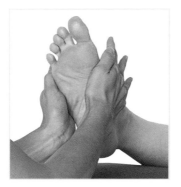

2 Doigts joints, placez les mains de chaque côté du pied. Avancez une main et reculez l'autre, en tordant doucement le pied. Continuez activement ainsi quelques minutes, montant et descendant les mains le long du pied, le détendant partout.

3 Tenez la cheville de votre partenaire avec la main gauche et son cou-de-pied avec la main droite. Tournez le pied horizontalement dans le sens des aiguilles d'une montre puis dans le sens inverse. Lorsque le pied se relâche, les cercles peuvent devenir plus larges.

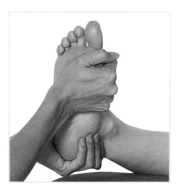

4 Avec la main droite, repoussez le cou-de-pied vers la jambe pour étirer doucement les tendons de la voûte plantaire. En recommençant les étapes 3 et 4 avec le pied gauche, assurez-vous que vous avez bien inversé la position de vos mains.

SOULAGER LES MAUX DE TÊTE ET LES TENSIONS

En allégeant les tensions des gros orteils par des rotations, on réduit le stress des points réflexes du cou et du haut de la colonne vertébrale. On masse le gros orteil pour traiter les réflexes de la tête et du cou, ce qui soulage maux de tête, migraines, déséquilibres hormonaux et tensions du cou.

Se servir alternativement des pouces le long du point réflexe de la colonne aide l'énergie à circuler dans le dos et détend les nerfs et les muscles qui se trouvent entre la colonne, les membres et les organes. Faire tourner le pied relâche la colonne vertébrale en l'assouplissant pour faciliter la circulation d'énergie.

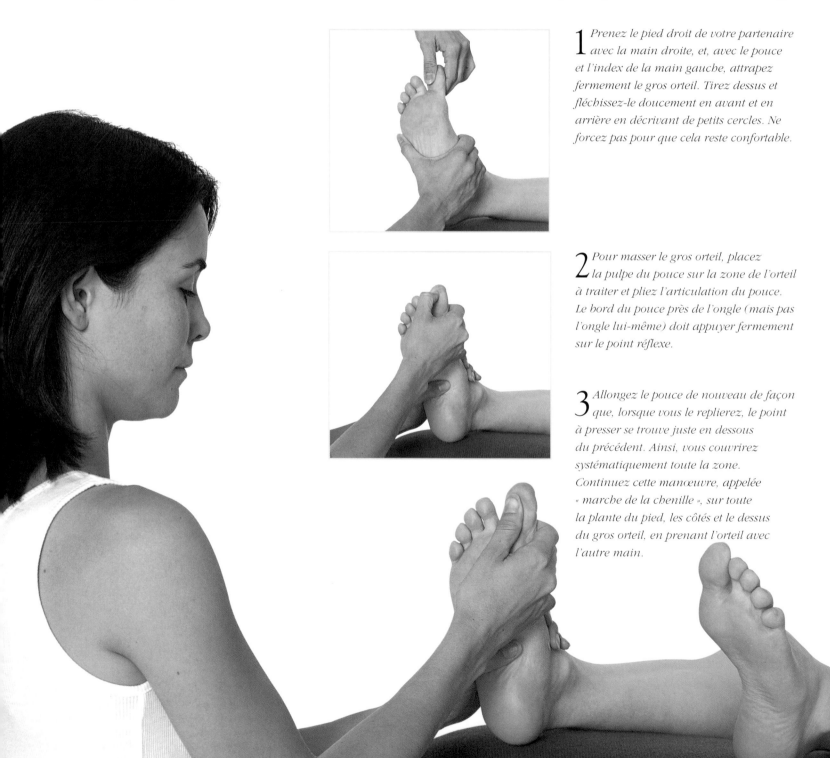

1 *Prenez le pied droit de votre partenaire avec la main droite, et, avec le pouce et l'index de la main gauche, attrapez fermement le gros orteil. Tirez dessus et fléchissez-le doucement en avant et en arrière en décrivant de petits cercles. Ne forcez pas pour que cela reste confortable.*

2 *Pour masser le gros orteil, placez la pulpe du pouce sur la zone de l'orteil à traiter et pliez l'articulation du pouce. Le bord du pouce près de l'ongle (mais pas l'ongle lui-même) doit appuyer fermement sur le point réflexe.*

3 *Allongez le pouce de nouveau de façon que, lorsque vous le replierez, le point à presser se trouve juste en dessous du précédent. Ainsi, vous couvrirez systématiquement toute la zone. Continuez cette manœuvre, appelée « marche de la chenille », sur toute la plante du pied, les côtés et le dessus du gros orteil, en prenant l'orteil avec l'autre main.*

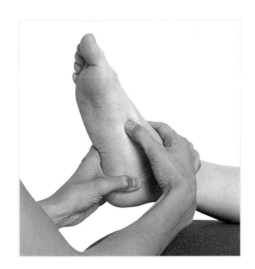

4 *Placez doucement les doigts de la main gauche sur la plante, et les doigts de la main droite sur la face dorsale du pied de votre partenaire. En vous servant alternativement de vos pouces, appuyez profondément en remontant le long des os du pied. Soyez attentif aux points réflexes de la colonne vertébrale, comme la taille au niveau de la voûte plantaire, les épaules au creux du cou-de-pied, le cou à la base du gros orteil.*

Massez ensuite le pied entre ces os et la plante des pieds (cette zone renferme les points réflexes des nerfs et des muscles près de la colonne vertébrale).

5 *Prenez fermement le pied de votre partenaire en posant les doigts des deux mains sur le dessus du pied et les pouces sur la plante des pieds. Déplacez ensuite simultanément vos mains vers l'extérieur, comme si vous essoriez le pied. Gardez l'œil sur votre partenaire pour être sûr de ne pas aller trop loin.*

6 *Remontez lentement les deux mains sur le pied en continuant la torsion jusqu'à avoir parcouru tous les points réflexes de la colonne. Votre partenaire ne doit pas sentir de sensation de brûlure sur la peau. Sinon, c'est que vos mains glissent : appliquez un peu de talc sur le pied.*

Fin du mouvement

Pour enlever l'excès d'énergie du corps du fait du massage, massez d'abord le gros orteil. Puis, avec le pouce et l'index, pincez légèrement son extrémité et tirez dessus comme si vous tiriez un fil. Enfin, secouez les mains comme pour chasser l'énergie. Imaginez que vous la lancez en l'air pour qu'elle retombe ailleurs.

Recommencez avec chaque orteil. Puis recommencez les exercices de la respiration du plexus solaire et les manœuvres d'enracinement (voir p. 94-95), puis dites à votre partenaire de boire beaucoup d'eau et, si possible, de se reposer le reste de la journée.

LE MASSAGE ÉNERGÉTIQUE TIBÉTAIN

Le système médical tibétain se fonde sur quatre textes anciens, les *Gyushi (rGyud-bzhî),* ou *Quatre Tantras,* qui datent du VIIIᵉ siècle avant notre ère et sont réputés provenir de l'enseignement direct du Bouddha de la médecine.

Ces textes non seulement rassemblent les concepts déjà présents dans les écrits indiens et chinois, mais présentent également certains éléments propres à la médecine tibétaine.

Ces quatre tantras sont le *tantra racine,* le *tantra explicatif,* le *tantra d'application* et le *tantra postérieur.* Le premier récapitule les relations réciproques des diverses branches de la médecine tibétaine. Le deuxième rend compte de façon détaillée de la vie du corps humain, de la conception à la mort, ainsi que des effets, du diagnostic et du traitement des maladies. Le troisième, le plus complet des quatre, fait le tour de chaque maladie connue et suggère des méthodes de diagnostic et de traitement. Enfin, le quatrième se présente comme un guide pratique pour diagnostiquer et soigner.

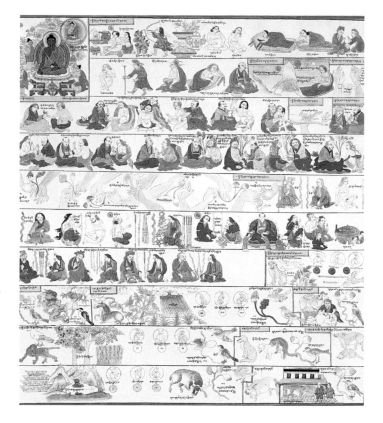

Ci-dessus : *les similitudes entre médecine tibétaine et ayurveda. Ici, les variations du pouls selon le mode de vie, l'époque, le lieu et la saison.*
Ci-contre : *planche du XVIIIᵉ siècle extraite d'un commentaire sur les* Quatre Tantras, *et qui montre sur le dos du corps le système énergétique tibétain.*

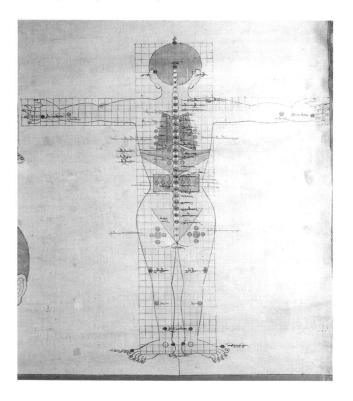

Le système médical tibétain voit le corps comme un réseau complexe de canaux d'énergie à la fois physiques et subtils. Les canaux physiques transportent le sang, les fluides et les nutriments, tandis que les canaux subtils transportent la force et la vitalité. Il y en aurait 72 000 dans le corps, recevant et transmettant de l'énergie, interconnectés dans cinq centres énergétiques principaux (appelés *chakras* ou *tsa'khor*) et agissant comme interface entre l'énergie subtile et l'énergie physique. Cette conception ressemble beaucoup au système indien des canaux d'énergie subtils *(nadi)* sur lesquels il est possible de travailler à l'aide des postures et des exercices respiratoires du hatha-yoga (voir p. 44-45).

Pour les Tibétains, vingt-quatre canaux irradient de chacun des centres énergétiques ; et tous ont sur leur parcours des points vitaux d'énergie, semblables aux points d'acupuncture de la médecine traditionnelle chinoise (voir p. 18). En appuyant sur ces points, les médecins tibétains peuvent obtenir des informations sur la qualité d'énergie d'un patient et localiser les blocages. Les plus compétents peuvent poser un diagnostic simplement en prenant le pouls.

Masser les points énergétiques peut faciliter et équilibrer la circulation d'énergie dans le corps. En médecine tibétaine, on trouve un système d'exercices énergétiques appelé *kum nye* qui se réfère brièvement aux *Quatre Tantras* mais qui a été largement transmis de bouche à oreille. Bien que l'on ait perdu une grande partie de l'original, on a retenu et adapté certains exercices à la vie moderne, exercices qui visent à intégrer le corps, le mental et l'esprit en activant le système d'énergie subtile et en favorisant la circulation d'énergie dans les canaux à la fois subtils et physiques. La plupart des exercices se pratiquent dans l'immobilité ou ne demandent que de petits mouvements ou un massage léger des points énergétiques du corps. L'intériorisation est favorisée, ainsi la prise de conscience du corps et la relaxation s'approfondissent-elles pour élargir et affiner les sensations.

Le massage abdominal tibétain sert à développer la résistance, le courage et la confiance. Il améliore aussi la digestion.

LE MASSAGE ABDOMINAL TIBÉTAIN

Cet exercice stimule la circulation énergétique dans l'abdomen, masse les organes abdominaux et améliore la digestion. La poitrine s'ouvre et les blocages peuvent remonter à la surface : le corps est ainsi purifié et nettoyé. On dit que le centre énergétique de l'abdomen est le siège de la vitalité du corps ; aussi cet exercice augmente-t-il la vitalité et la confiance en soi.

1 *Allongez-vous sur le sol, les genoux pliés et l'abdomen détendu. Mettez la paume droite sur le sternum et la paume gauche juste en dessous du nombril. Fermez les yeux et laissez votre respiration s'approfondir et se détendre.*

2 *Faites tourner sept fois votre paume droite sur l'abdomen dans le sens des aiguilles d'une montre. Puis ramenez la main sous le nombril. Prenez quelques respirations profondes en gardant les mains immobiles et en vous concentrant sur vos sensations internes.*

3 *Inversez la position des paumes et conduisez l'énergie du centre de l'abdomen vers le cœur, et vice versa. Soyez attentif au changement de sensations.*

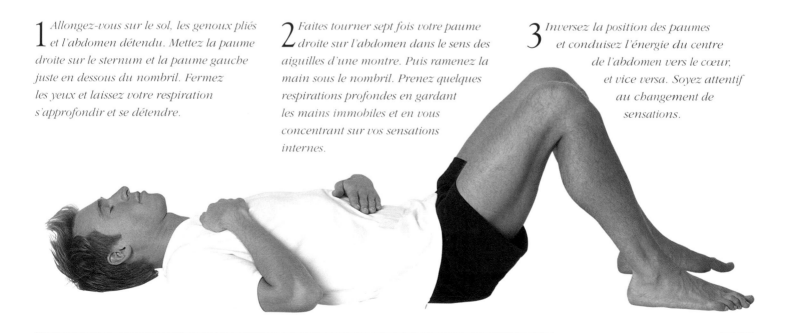

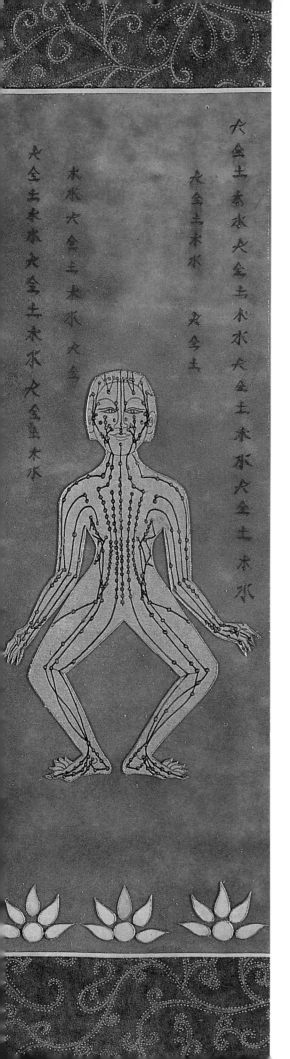

ÉNERGIE, GUÉRISON ET HARMONIE

O<small>N APPELLE</small> « médecines énergétiques » un grand nombre de thérapies issues de toutes les époques et de toutes les civilisations. Fondées sur l'idée que nous avons tous un système d'énergie subtile qui a besoin d'autant de soin que notre corps physique, elles deviennent de plus en plus populaires. Préventives et curatives, elles incluent acupression, acupuncture, médecine ayurvédique, homéopathie, kinésiologie, thérapie par polarité et guérison spirituelle.

Tous ces systèmes se basent sur le principe selon lequel il est possible de détecter une maladie dans le système énergétique avant qu'elle ne se manifeste dans le corps en se servant de différentes méthodes de diagnostic ou d'évaluation. Il est donc possible de protéger sa santé grâce aux principes de la médecine énergétique.

LES THÉRAPIES HOLISTIQUES

Les thérapies holistiques considèrent l'être humain comme un tout formé d'un corps, d'un mental, d'un esprit et d'émotions : ces éléments interagissent et doivent tous être en harmonie pour que l'on puisse jouir d'une bonne santé et d'un bien-être total. Bon nombre de ces thérapies viennent d'Orient (acupuncture, acupression et ayurveda) ou se sont développées en Occident à partir de concepts orientaux (kinésiologie, thérapie par polarité).

En examinant un patient, un thérapeute holistique ne va pas seulement s'intéresser aux symptômes. Il interrogera la personne sur son mode de vie, son alimentation, ses relations aux autres et ses occupations. Ainsi, des maux de tête périodiques peuvent être déclenchés par des stress physiques ou émotionnels, par la nourriture ou l'environnement, et il peut être nécessaire de traiter chaque aspect pour obtenir la guérison à long terme.

Les attitudes mentales et émotionnelles sont inclues dans le schéma entier que le thérapeute holistique essaie de développer. La dépression et le stress créent des blocages d'énergie dans le champ énergétique et peuvent augmenter les symptômes physiques : du point de vue holistique, il faut à la fois aborder les symptômes et le stress. Au contraire, un problème apparemment d'ordre émotionnel peut avoir des causes physiques : une sensibilité ou une allergie à certains aliments, ou même une alimentation mal équilibrée peuvent affecter le cerveau et la chimie du corps, et conduire à la dépression. À son tour, la dépression affecte le système énergétique. De même, le manque d'exercice peut causer un déficit d'endorphines naturelles, provoquant une certaine pesanteur mentale et physique.

Certains thérapeutes holistiques comme les hydrothérapeutes du côlon (qui pratiquent l'irrigation du côlon), les médecins ayurvédiques, certains masseurs et aromathérapeutes estiment que notre corps est empoisonné par des toxines contenues dans la nourriture que nous mangeons et dans l'atmosphère polluée que nous respirons. Ces toxines se trouvent également dans le café, le thé, le sucre et les produits transformés, comme dans la nicotine et l'alcool. La cure de désintoxication est le premier pas vers un mieux-être.

Les médecins énergétiques croient que la plupart des problèmes apparaissent dans le champ énergétique à un stade très prématuré, voire dès la naissance, puis se complexifient plus tard du fait des stress de la vie. Un traumatisme dans l'enfance peut affaiblir le centre du cœur et se manifester par des épaules arrondies, une poitrine étroite créant des problèmes respiratoires comme l'asthme, eux-mêmes exacerbés par la pollution de l'air et une mauvaise alimentation. Dans un tel cas, on agit sur la respiration du patient, sa posture, son style de vie, mais on lui recommande aussi de soigner son traumatisme d'origine.

Les thérapeutes holistiques ont différentes façons de mesurer la circulation de l'énergie d'un patient et d'identifier blocages et déséquilibres. Les acupuncteurs et les praticiens ayurvédiques mesurent l'énergie des méridiens grâce aux pouls. Les kinésiologistes évaluent plutôt l'état du système musculaire. Les guérisseurs sentent ou voient les déséquilibres directement dans le champ énergétique. La main d'un praticien compétent peut sentir la faiblesse ou le déséquilibre des chakras ou bien les détecter avec un pendule. Toutes ces méthodes peuvent prévenir la maladie si elles sont utilisées à temps.

Cette statuette chinoise en bronze est percée de trous correspondant aux points d'acupuncture. On s'en servait jadis pour montrer aux étudiants où placer les aiguilles.

En se servant de techniques comme la kinésiologie pour évaluer l'état énergétique et physique d'une personne, des praticiens holistiques peuvent retrouver les causes de ses problèmes. Ils impliquent fréquemment les patients dans leur propre processus de guérison et les soutiennent en leur faisant adopter des changements positifs dans leurs attitudes et leur mode de vie.

L'ACUPUNCTURE

Il y a plusieurs milliers d'années, les Chinois découvraient que l'énergie essentielle du corps (qi) circule dans des canaux appelés méridiens transportant l'énergie vers les organes et à partir d'eux. L'acupuncture vise à maintenir une bonne santé physique et émotionnelle en facilitant la circulation harmonieuse du qi. De nombreux points d'acupuncture se situent le long des méridiens, où l'énergie peut être stimulée ou réduite grâce à l'implantation d'aiguilles très fines.

Les acupuncteurs traditionnels examinent l'état des méridiens en évaluant la force et la qualité des pouls (six sur chaque poignet, voir p. 18) avant de donner le traitement approprié, qui peut être à base de plantes et assorti de conseils sur l'alimentation. Les points d'acupuncture, choisis selon le diagnostic du praticien, peuvent varier d'une séance à l'autre selon l'amélioration de l'état du patient. Les aiguilles d'acupuncture sont généralement en acier inoxydable. Quand on les met en place, cela ne doit pas être douloureux ou à peine, même si certains trouvent cela désagréable, tandis que d'autres ressentent un picotement étrange dans le membre – ce qui est encourageant, car cela prouve que le qi arrive à l'aiguille. On plante les aiguilles habituellement à environ 1 centimètre sous la peau, mais la profondeur peut aller jusqu'à 12 centimètres, selon la partie du corps que traite l'acupuncteur. Le praticien fait parfois tourner les aiguilles entre le pouce et l'index pour augmenter leur effet.

Les acupuncteurs peuvent aussi avoir recours à d'autres thérapies médicales traditionnelles chinoises, comme la moxibustion et les ventouses. Venant du terme japonais *mogusa* (herbe qui brûle), la moxibustion a pour objectif de réchauffer l'énergie. On l'utilise souvent pour se débarrasser des infections, accroître l'énergie d'un point spécifique ou soulager une douleur. Le praticien enflamme un petit cône de feuilles d'une plante telle que l'armoise, séchées ou coupées, au bout d'une aiguille ou près de la peau, en recommençant plusieurs fois sur le même point. Certains praticiens utilisent les *moxa* pour appliquer de la chaleur sur une plus grande zone du corps, ce qui se révèle fort utile pour traiter des douleurs sourdes ou non spécifiques, comme les maux de dos et les douleurs des règles.

On utilise aussi des ventouses pour chauffer le corps et le flux d'énergie. On place un morceau de coton enflammé

Cette peinture de Li Tang (dynastie Song, 906-1279) montre un médecin de campagne appliquant sur le dos d'un patient une moxibustion, qui consiste à faire brûler des herbes près de la peau ou à attacher des herbes à une aiguille d'acupuncture.

dans un verre ou, plus traditionnellement, dans une coupe de bambou. Le fait de retirer le coton va créer un vide dans la coupe, de sorte que le récipient adhérera à la peau. On laisse quelques minutes la coupe fixée sur le corps pour attirer le sang à la surface de la peau, ce qui peut causer des meurtrissures qui disparaîtront en général très vite. L'idée de l'acupuncture étant de rééquilibrer la circulation du qi dans les méridiens, il est possible que, après avoir été traité, on sente une différence d'énergie. Au début, on peut se sentir fatigué ou exalté. Ces impressions s'amenuiseront avec le traitement, quand le flux d'énergie sera régularisé. Il est souhaitable de se reposer et d'éviter les stimulants.

L'ACUPRESSION

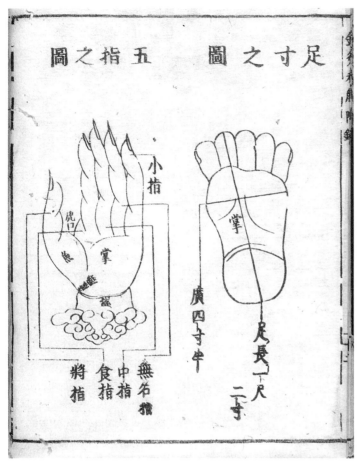

Cette illustration de la fin du XVIIe siècle montre les points d'acupuncture de la main et du pied. C'est l'un des rares exemples de commentaire japonais sur un texte médical chinois, lui-même datant de 1341.

Soigner par acupression est un art millénaire issu de la médecine orientale. La pression des doigts sur des points vitaux d'énergie, ou points d'acupression, stimule la circulation d'énergie et rétablit la santé. Dans la médecine traditionnelle chinoise, il existe environ 365 points situés le long de douze méridiens (voir p. 18-19). Quelques-uns sont des points essentiels aux effets puissants, d'autres sont de moindre importance. On peut comparer l'ensemble du système à un réseau de voies ferrées dans lequel les méridiens seraient les rails, les points essentiels les grandes villes, et les points mineurs les petites gares locales.

On peut exercer une pression aux points d'acupuncture avec le bout des doigts (le plus souvent avec l'index ou le majeur), avec le pouce ou bien encore avec des bâtonnets pointus ou de petits cylindres métalliques prévus à cet effet.

On commence par localiser exactement le point en mesurant le corps, en le repérant anatomiquement et en le touchant. Ensuite on applique une douce pression perpendiculairement à la peau ou dans la direction du flux d'énergie du méridien, selon les principes de la médecine orientale. On peut maintenir une pression continue ou rotative avant de relâcher doucement.

L'acupression ne doit jamais être douloureuse, mais les sensations de pesanteur ou de picotement ne sont pas rares. Si la moindre douleur se manifeste, il faut interrompre immédiatement le traitement. La plupart des points étant bilatéraux, il faut appuyer sur les deux côtés du corps, à l'exception des points des méridiens situés le long de la ligne médiane de l'avant et de l'arrière du corps. Il est essentiel de respirer pendant l'acupression pour stimuler la circulation de l'énergie, qui devrait être toujours régulière. Visualiser la circulation d'énergie qui s'améliore ou le soulagement d'un symptôme peut aussi être utile.

L'application de pressions sur un point stimule et régularise la circulation d'énergie vitale dans le corps, en déclenchant un mécanisme naturel d'homéostase : on peut donc se servir du même point pour traiter une énergie déficiente ou excessive.

Tout le monde peut se livrer à l'acupression, qui ne nécessite ni compétences ni équipement particuliers ; il suffit de localiser les points et d'exercer une pression convenable. Cette méthode peut être utilisée pour augmenter la vitalité, favoriser la guérison et soulager des douleurs communes. Évitez seulement de pratiquer sur une femme enceinte (certains points stimulent le travail) ou sur une personne intoxiquée (il ne faut jamais soumettre à l'acupression un individu en état d'ébriété ou sous l'emprise de la drogue). Sur les bébés, les enfants et les personnes âgées, il faut veiller à n'exercer que des pressions très légères.

LES POINTS D'ACUPRESSION

Il est bon d'exercer une pression sur une combinaison de points pour faciliter et régulariser la circulation de l'énergie. Frottez vos mains afin de les réchauffer et étirez chaque doigt. Localisez les points et pressez-les de façon uniforme et soutenue. Détendez-vous et respirez régulièrement. Une pratique de quelques minutes chaque jour est plus efficace que de longues périodes moins fréquentes. Stimuler un point entre trente secondes et une minute est suffisant. Au-delà, la pression devient douloureuse.

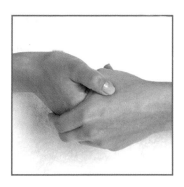

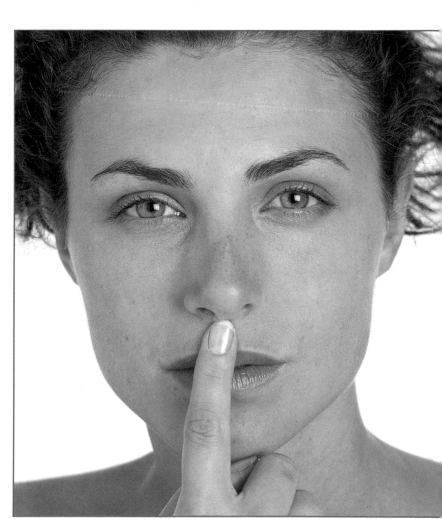

1 *Au milieu de l'angle formé par le pouce et l'index se situe le quatrième point du méridien du gros intestin, qui stimule le flux énergétique dans le haut du corps, nettoie la peau, améliore le teint, stimule la conscience mentale et facilite la digestion. Soutenez cet espace entre votre pouce gauche et l'index, avec les doigts de votre main droite, et appuyez vers le bas en vous servant du pouce droit. Recommencez en appuyant sur la main droite. On ne doit pas stimuler ce point pendant la grossesse.*

2 *À l'intérieur du poignet, dans le prolongement du pouce, dans le creux derrière l'os du poignet et à deux doigts du pli du poignet, se situe le septième point du méridien du poumon, qui renforce les poumons et le système respiratoire, augmente la vitalité et soulage les problèmes respiratoires comme la bronchite ou l'asthme. Soutenez votre poignet par-dessous avec les doigts de la main droite, et appliquez une pression avec le pouce droit plié vers le bas. Recommencez avec le poignet droit.*

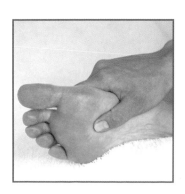

3 *Sous les orteils, dans le creux du pied, se situe le premier point du méridien du rein, qui stimule la vitalité et soulage la fatigue. Asseyez-vous avec le pied droit posé sur le genou gauche et pressez avec le pouce droit. Puis recommencez avec le pied gauche.*

4 *Dans la dépression de la lèvre supérieure, juste en dessous du nez, se situe le vingt-sixième point du vaisseau gouverneur. Y exercer une pression améliore la vivacité mentale, la concentration et la mémoire. Ce point peut servir de premiers soins en cas de malaise, voire de perte de connaissance. Appuyez sur le point avec le bout de l'index ou de l'ongle, perpendiculairement au sillon.*

LA KINÉSIOLOGIE

Le terme de « kinésiologie » désigne les différentes thérapies holistiques qui combinent tests manuels sur les muscles et principes de la médecine traditionnelle chinoise. La plus ancienne, la kinésiologie appliquée, fut fondée en 1964 par un chiropracteur américain, George Goodheart, qui découvrit que les muscles sont liés énergétiquement aux méridiens (voir p. 18-19). On avait déjà établi qu'il existe des liens entre l'énergie subtile des méridiens et le fonctionnement des organes, mais Goodheart démontra qu'il était possible d'évaluer la quantité et la qualité de l'énergie en testant le corps, ouvrant ainsi de nouvelles possibilités de diagnostic et de traitement du corps physique par action directe sur l'énergie subtile.

Pour tester un muscle, il faut placer le corps de sorte que le muscle soit contracté et aussi isolé que possible de ceux avec lesquels il interagit. Le praticien exerce une légère pression pendant quelques secondes, essayant d'étirer le muscle. S'il bouge de plus de 5 centimètres, c'est qu'il est faible ; s'il résiste, il est fort.

Le quadriceps est le muscle de l'avant de la cuisse qui sert à lever la jambe quand on marche. Les kinésiologistes enseignent que ce muscle a un lien énergétique avec le méridien de l'intestin grêle (partie du corps où les nutriments sont absorbés à partir de la nourriture). Si le muscle est faible au moment du test, la marche sera pénible, mais cela signifie aussi un faible flux énergétique dans le méridien de l'intestin grêle et dans l'intestin grêle lui-même, causant des déficiences nutritionnelles et donc des problèmes de santé. Le kinésiologue renouvellera le test musculaire et déterminera le traitement utile pour renforcer et, à long terme, restaurer le flux énergétique à la fois dans le méridien et dans l'organe. Le renforcement des quadriceps et du flux énergétique améliorera le fonctionnement de l'intestin grêle et

Les kinésiologistes enseignent qu'il est possible de localiser les déséquilibres de l'énergie simplement en testant les muscles du corps.

restaurera la santé. On peut trouver d'autres exemples au niveau des pectoraux, muscles de la poitrine qui participent aux mouvements des épaules et des bras, et s'associent au méridien de l'estomac et à la digestion. Si on les teste et qu'on les trouve faibles, cela indique un faible flux énergétique dans l'estomac, et des problèmes digestifs présents ou à venir. La plupart des muscles de surface ont ainsi des liens avec méridiens et organes, et peuvent être testés dans cette perspective.

Les tests musculaires permettent également de voir comment le corps réagit à l'alimentation, aux pensées, aux couleurs et aux traitements. Si un muscle s'affaiblit quand on a une pensée particulière, cela cause un stress qui altère le système. De même, si ce même muscle manifeste un affaiblissement après l'ingestion d'une certaine nourriture, cela peut indiquer une allergie à cet aliment.

La kinésiologie cherche à équilibrer tous les éléments constitutifs de la personne, sur le plan structurel, émotionnel, mental et chimique, en plaçant le corps au meilleur de sa forme pour le mettre en situation de guérir tout seul. Les praticiens suggèrent différents traitements et indications, comme des exercices pour renforcer les muscles faibles et le flux énergétique dans les méridiens correspondants, des modifications du régime alimentaire, des suppléments nutritionnels et des conseils pour gérer les problèmes émotionnels. La kinésiologie profite aux personnes de tous âges, quel que soit leur état de santé, sans distinction de mode de vie, et s'applique aussi bien aux athlètes qu'aux acteurs ou aux personnes dyslexiques. Par sa force essentielle, la prévention, elle cherche à obtenir une bonne santé et un état de bien-être.

Il existe d'autres écoles de kinésiologie, par exemple le « toucher pour la santé », une formation ouverte à tous qui valorise la prise en charge de sa propre santé. Elle fut développée en 1973 par un praticien américain, John Tie, pour sa famille et ses amis, de façon non professionnelle. On n'a pas recours à cette technique pour établir un diagnostic ou traiter un symptôme, mais généralement pour améliorer et équilibrer la circulation énergétique dans le corps. Les exercices de kinésiologie de ce livre proviennent des ateliers de kinésiologie proposés partout dans le monde.

Bien que les kinésiologues se servent de tests musculaires comme moyen d'évaluation du niveau énergétique, ainsi que pour sélectionner leurs traitements, il est tout à fait possible d'entreprendre une pratique individuelle, sans ces tests préliminaires. On peut soulager le stress émotionnel, améliorer la coordination, la vue, l'ouïe et l'état de santé général. Ces exercices et ces traitements sont faciles et rapides à mettre en œuvre, ne nécessitent que quelques minutes chaque jour et peuvent s'adapter à une vie active.

INTÉGRATION

Nous n'avons pas conscience de l'intégration corps-cerveau, et pourtant nous y réagissons. Une bonne intégration nous permet de fonctionner plus efficacement et de nous sentir mieux. Notre cerveau possède deux hémisphères qui traitent les informations de façon différente. L'un fonctionne selon des modèles logiques, l'autre selon les modes, les formes et les rythmes de la perception. Comme chaque hémisphère contrôle le côté opposé du corps, nous fonctionnons moins efficacement, à la fois mentalement et physiquement, si nos deux hémisphères sont mal intégrés. La kinésiologie propose des exercices pour favoriser l'intégration, comme le marché-croisé (voir p. 72), l'exercice du crochet (voir p. 109) et celui d'intégration (voir p. 73).

Sentir l'intégration entre le corps et le mental peut être agréable, comme lorsqu'on s'exerce à relâcher son stress émotionnel (voir p. 143), en activant les deux hémisphères du cerveau pour

Ramper est une étape importante du développement physique et mental de l'enfant ; cela favorise la communication entre le cerveau droit et le cerveau gauche.

équilibrer les émotions. Pour se sentir complètement intégré, on a aussi besoin d'avoir tous ses sens en harmonie, s'accordant comme un tout. On peut par exemple améliorer sa vision en activant certains points. Placez une main sur le nombril et avec l'autre main massez deux points écartés d'environ 10 centimètres, juste en dessous des clavicules, de chaque côté du sternum. Gardez la tête droite et bougez très lentement vos yeux

en les faisant tourner dans un sens puis dans l'autre. Observez la différence.

Les oreilles jouent aussi un rôle important dans la sensation globale d'équilibre et d'intégration. Elles renferment le schéma de tout votre corps (l'acupuncture auriculaire est spécialisée pour appliquer des aiguilles seulement aux oreilles). On peut masser les oreilles pour influer à la fois sur l'ouïe et sur tout le corps.

Pour activer les réflexes, tournez la tête aussi loin que possible d'un côté, puis de l'autre. Ensuite, étirez doucement les pavillons de l'oreille de haut en bas, et de l'intérieur vers l'extérieur. Observez la différence. Les kinésiologues conseillent le massage des oreilles pour améliorer l'ouïe, éliminer les acouphènes (sensation de tintement, sifflement et bourdonnement dans les oreilles), favoriser l'équilibre, diminuer le mal des transports, équilibrer les os du crâne, soulager les maux de tête et apporter une sensation de clarté et de légèreté.

RÉTABLIR LA POLARITÉ

Les kinésiologues enseignent que le corps est polarisé entre pôle positif (sud) et pôle négatif (nord). Leur puissance peut être affectée par le stress. Les facteurs structurels, mentaux, émotionnels, chimiques et environnementaux peuvent tous contribuer à déséquilibrer ces pôles, ce qui cause une rupture de communication dans le corps et des irrégularités dans la circulation de l'énergie. En alternant rapidement les charges positive et négative dirigées vers le corps du patient, le praticien peut détecter les déséquilibres. Les corriger implique que l'on masse d'importants points d'acupuncture pour rétablir la communication. S'il persiste une sensation de déséquilibre, consultez un kinésiologue compétent pour en découvrir la cause profonde.

1 *Placez une main sur le nombril. Servez-vous du pouce et des doigts de l'autre main, massez simultanément deux points situés à peu près à 10 centimètres l'un de l'autre, juste en dessous de la clavicule de chaque côté du sternum. Massez doucement pendant dix secondes pour équilibrer la circulation énergétique dans le méridien du rein (voir p. 19).*

2 *Gardez la main sur le nombril et massez deux points, l'un sur la lèvre supérieure, point du vaisseau gouverneur (voir p. 19), qui régularise l'énergie yang, et l'autre sur la lèvre inférieure, point du vaisseau de la conception, qui régularise l'énergie yin, pendant dix secondes.*

3 *Toujours avec la main sur le nombril, massez votre coccyx, toujours en bas de la colonne vertébrale, pendant dix secondes. C'est aussi un point du vaisseau gouverneur. Recommencez en inversant les mains pour masser. Terminez l'exercice, respirez profondément et détendez-vous.*

L'ÉNERGIE DU CROCHET

Nombre de thérapies parallèles destinées à corriger les déséquilibres et les blocages du corps viennent de l'ancien concept chinois du qi et de la théorie des méridiens. Si le corps subit un stress ou un choc, ses réserves d'énergie peuvent diminuer dangereusement, et la circulation d'énergie de ses méridiens s'épuise, se bloque ou s'inverse. Le crochet est un exercice de kinésiologie qui demande de placer le corps dans une position particulière pour reconnecter l'énergie et stimuler une circulation énergétique équilibrée. Il ne faut que dix minutes pour le faire, et cela améliorera notablement votre énergie, votre sommeil et votre capacité à gérer positivement le stress.

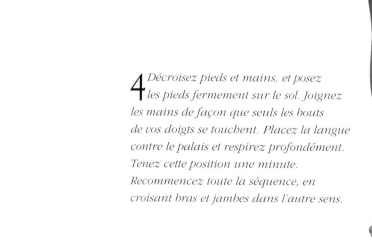

2 *Tournez les paumes l'une vers l'autre en posant légèrement les côtés de vos mains sur l'estomac. Croisez les doigts et recourbez-les dans la paume opposée de sorte que vos mains apparaissent symétriques. Tenez trente secondes en respirant profondément avec l'abdomen.*

3 *Retournez les mains vers le haut pour les placer devant votre poitrine. Placez la langue contre le palais et respirez profondément, en visualisant l'énergie qui circule facilement autour de votre corps. Tenez cette position une minute.*

1 *Croisez les jambes, la jambe droite devant la gauche, les pieds fermement ancrés dans le sol. Puis croisez le bras droit sur le bras gauche, paumes vers le haut. Prenez le temps de vous équilibrer, rassemblez vos pensées et détendez-vous.*

4 *Décroisez pieds et mains, et posez les pieds fermement sur le sol. Joignez les mains de façon que seuls les bouts de vos doigts se touchent. Placez la langue contre le palais et respirez profondément. Tenez cette position une minute. Recommencez toute la séquence, en croisant bras et jambes dans l'autre sens.*

LE TOUCHER THÉRAPEUTIQUE

Guérir par le toucher ou la pensée est la plus ancienne forme de médecine énergétique (elle était certainement déjà connue des Égyptiens et des Grecs). On l'appelle guérison spirituelle, psychique, éthérique ou par imposition des mains. Considérée depuis des siècles comme miraculeuse ou frauduleuse, elle tend aujourd'hui à être reconnue. Des études scientifiques ont prouvé que l'énergie de guérison agit sur les cellules humaines, animales et végétales indépendamment de la foi. Un petit nombre de guérisseurs travaille désormais avec des médecins, tandis que quelques thérapeutes parallèles et ostéopathes associent le toucher à leurs pratiques.

En 1970, le professeur américain Dolorès Krieger étudia scientifiquement la pratique des guérisseurs et établit que celle-ci entraîne de véritables effets (comme élever le taux d'hémoglobine du sang) ; elle découvrit également que la faculté de guérir est souvent innée. Elle développa un système appelé « toucher thérapeutique », qui fut d'abord enseigné aux infirmières, puis largement répandu à travers le monde.

Pendant une séance, l'énergie se transmet d'une personne à une autre, habituellement par les mains, déclenchant chez le receveur la capacité de se guérir lui-même. Certains guérisseurs se servent de leur propre énergie (magnétisme), au risque de l'épuiser, alors que la plupart se considèrent comme les véhicules d'une énergie universelle qui peut guérir à tous niveaux, spirituel, mental, émotionnel et physique. On peut dire de ces guérisseurs qu'ils transmettent une énergie qui passe à travers eux. La plupart n'utilisent que leurs mains et travaillent souvent dans le champ énergétique sans toucher le corps. Certains utilisent des cristaux, des sons et des couleurs.

Ces techniques, dont les effets sont habituellement progressifs, peuvent stimuler le système immunitaire et restaurer une énergie épuisée. Elles se révèlent souvent fort utiles pour soulager la douleur dans le cas de problèmes à long terme, tels que l'arthrite. Les miracles sont néanmoins rares. Face à une grave pathologie, la pratique de la guérison peut ne pas avoir d'effet purement physique, mais plutôt rendre le patient capable de gérer sa maladie. Agissant sur le champ énergétique, elle soulage les difficultés émotionnelles et mentales, aide les gens à voir plus clairement leurs problèmes et à les gérer plus efficacement.

Une photographie de Kirlian montre les lignes d'énergie qui irradient de la surface des mains. La plupart des guérisseurs travaillent avec leurs mains, souvent sur le champ énergétique qui entoure le corps du patient. Habituellement, l'énergie transmise n'est pas la leur : ils puisent dans l'énergie universelle.

AURAS ET SYSTÈME DES CHAKRAS

Dans le modèle occidental utilisé par les guérisseurs, l'énergie ne se confine pas au corps physique mais enveloppe le corps au-delà de la surface de la peau. On appelle « aura » cette énergie qui irradie. Elle est invisible pour la plupart des gens, mais, pour ceux qui savent la voir, c'est un large ellipsoïde de lumière chatoyante fait de sept bandes de couleurs différentes, chacun correspondant à l'un des chakras du système indien (voir p. 44-45).

Les sphères énergétiques intermédiaires et les chakras sont reliés à plusieurs aspects du système corps-mental. Ils sont, sur le plan physique, reliés aux glandes endocrines, aux organes et à la colonne vertébrale, et, sur le plan énergétique, à des émotions et à des qualités particulières. L'état des chakras et de l'aura d'une personne peut donc révéler de nombreuses informations à son guérisseur. Nombre de guérisseurs se servent des chakras comme guide pour guérir de façon efficace, en favorisant l'énergétisation des chakras peu actifs et l'apaisement de ceux qui le sont trop.

Lors de leur pratique, les guérisseurs laissent leurs propres chakras supérieurs s'ouvrir à l'énergie universelle.

Le corps cosmique émane du chakra du sommet du crâne, lui-même relié à l'épiphyse et au cortex cérébral du corps physique et associé à la spiritualité et à l'inspiration.

Le corps spirituel émane du chakra des sourcils, relié aux yeux, à l'hypothalamus et à la glande pituitaire, et s'associe à la volonté et à l'intuition.

Le corps causal émane du chakra de la gorge, relié aux oreilles, à la langue et à la gorge, et s'associe à la communication, à l'expression de soi autant qu'à l'écoute et à la réceptivité.

Le corps du cœur émane du chakra du cœur, relié au cœur, au thymus, aux poumons et au système immunitaire ainsi qu'au sentiment de l'amour.

Le corps mental émane du chakra du plexus solaire, relié au plexus solaire, au système digestif et aux glandes surrénales, ainsi qu'au sentiment de l'estime de soi.

Le corps émotionnel émane du chakra du sacrum, relié au système uro-génital, aux intestins et aux vertèbres lombaires, et s'associe à la sexualité, à la créativité et à l'action.

Le corps éthérique émane du chakra de la base de la colonne vertébrale, relié au sacrum, à la colonne vertébrale et aux jambes, et s'associe à l'élimination, ainsi qu'aux sensations d'enracinement et de survie matérielle.

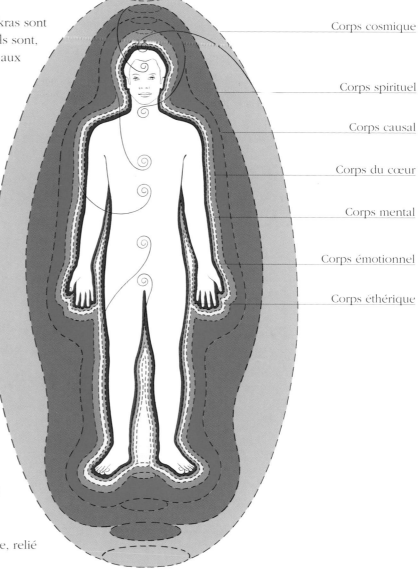

Corps cosmique

Corps spirituel

Corps causal

Corps du cœur

Corps mental

Corps émotionnel

Corps éthérique

PRATIQUE DU TOUCHER THÉRAPEUTIQUE

Quiconque a senti de l'énergie dans ses mains (voir p. 25) peut apprendre à la transmettre aux autres. Une fois obtenue, cette capacité ira croissant par la pratique. Si vous sentez que vous avez un don pour guérir, de nombreuses formations professionnelles sont à votre portée.

Avant d'effectuer un toucher, pratiquez un exercice de qigong ou de yoga pour « énergétiser » votre corps. Calmez votre mental en pratiquant des respirations profondes pendant quelques minutes. Pour garder une limite claire entre vous et celui que vous voulez guérir, vous devez protéger votre champ énergétique : visualisez-vous entouré d'une bulle de lumière blanche ou dorée qui émet de l'énergie positive et protège de l'énergie négative.

Il est important d'être bien installé pour être réceptif aux énergies puissantes. Retirez vos chaussures et sentez la terre sous vos pieds. Imaginez-les s'enraciner et se relier à l'énergie de la terre. Tenez-vous debout, ouvrez-vous mentalement à l'énergie du soleil ou d'une sagesse supérieure. Imaginez qu'un rayon de lumière traverse le milieu de votre crâne, rejoint le centre du cœur, puis descend dans les bras jusqu'aux mains.

Si vous avez une table de massage ou un matelas adéquat, votre ami peut s'allonger. Sinon, demandez-lui de s'asseoir sur une chaise, jambes parallèles, pieds nus à plat sur le sol. Discutez de tout problème qui pourrait retenir son attention. Ensuite, laissez-le se détendre pendant quelques respirations profondes. Si votre ami est assis, vous pouvez travailler simultanément sur les deux côtés de son corps. S'il est allongé, commencez par travailler sur son dos, puis demandez-lui de se retourner.

Restez discret quant à la façon dont vous le touchez, aux endroits concernés et à vos paroles. Il se peut que vous sentiez l'état émotionnel ou physique de votre ami s'effondrer, mais il ne serait peut-être pas pertinent de le lui faire remarquer. N'essayez pas d'améliorer l'autre : l'effort est contre-productif. Fiez-vous à la capacité de l'énergie transmise d'apporter l'harmonie là où elle est nécessaire. Ne pratiquez jamais de toucher thérapeutique si vous n'êtes pas en forme.

1 *Commencez par déplacer vos mains dans le dos de votre partenaire, à 2 ou 3 centimètres de la colonne. Observez les zones de chaleur, de froid ou de vibrations qui indiquent un blocage d'énergie ou des douleurs physiques.*

2 Placez légèrement vos mains sur ses sourcils ou ses tempes, et laissez l'énergie s'écouler de vos mains. Mettez ensuite doucement vos mains dans les creux de chaque côté de la base du crâne pour détendre le cerveau et les nerfs.

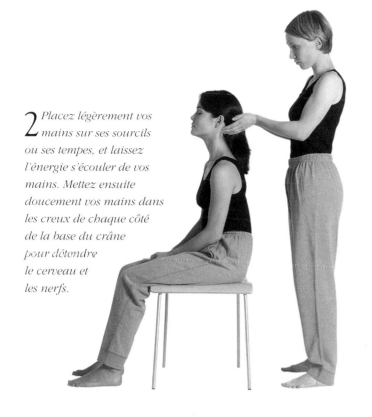

3 Déplacez-vous vers les chakras de la gorge et du cœur, en restant deux minutes à chaque endroit. Vos mains peuvent toucher son corps, mais aux endroits sensibles, comme la gorge ou le bas de l'abdomen, tenez-vous-en au champ énergétique. Entre vos mains placées devant et derrière le corps, tenez le chakra du cœur – cela réconforte n'importe qui d'angoissé.

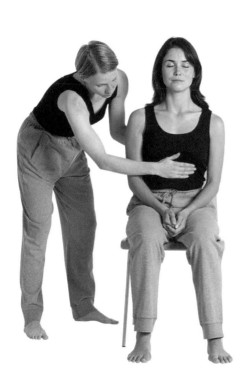

4 Continuez à descendre le long du corps, dirigeant votre énergie vers son plexus solaire, son nombril et la base de sa colonne. Les mains sur le plexus solaire, demandez à votre partenaire s'il a ressenti l'énergie comme de la chaleur, du froid ou des vibrations. Descendez jusqu'aux pieds pour enraciner son énergie et la répartir.

5 Après une séance d'une vingtaine de minutes, demandez à votre ami de se lever. « Brossez » son champ énergétique vers le bas avec les mains, devant et derrière lui, le nettoyant de toute énergie négative. Vous devez tous deux vous enraciner, puis vous laver les mains en imaginant que vous chassez les énergies négatives.

LA THÉRAPIE PAR LA POLARITÉ

La thérapie par la polarité est un système holistique de guérison qui prend en compte le corps, le mental, le système énergétique et l'esprit. Le naturopathe, chiropracteur et ostéopathe autrichien Randolph Stone le développa pendant plus de cinquante ans, étudiant aussi la médecine orientale et les enseignements spirituels, dont il conclut que l'énergie est la base de toute vie.

Tirés des principes ayurvédiques (voir p. 118-121) aussi bien que des concepts occidentaux, les principes fondamentaux de la thérapie par polarité soutiennent que santé et bonheur dépendent de la libre circulation de l'énergie dans le corps. L'énergie électromagnétique s'écoule à travers des pôles positif et négatif dans différentes parties du corps selon un schéma de double hélice, reliant entre eux les cinq chakras inférieurs.

Chacun de ces chakras peut être relié à l'un des cinq éléments de la médecine chinoise et ayurvédique : éther, air, feu, eau et terre ; ils affectent à leur tour les attributs mentaux et physiques des chakras. Par exemple, le chakra du cœur ne se relie pas seulement à celui-ci, mais, par sa relation à l'élément air, gouverne aussi les poumons.

Le chakra du cœur, représenté ici comme un lotus à douze pétales autour d'une étoile de David et le son YAM, gouverne l'inspiration sous toutes ses formes.

L'énergie circule à partir d'une source divisée selon trois courants : positif, négatif et neutre, avant d'y revenir. Les courants négatif et positif circulent vers le haut et le bas du corps, de chaque côté de la colonne vertébrale, selon une double hélice. Lorsqu'ils se rencontrent, ils créent un tourbillon d'énergie qui est un chakra. Le courant neutre circule le long de la colonne centrale, enracinant le corps dans le sol.

Selon le Dr Stone, toutes les maladies proviennent de ruptures dans la circulation énergétique, qui se reflètent dans les systèmes musculaire, osseux, nerveux, circulatoire et digestif. Les attitudes mentales qui sous-tendent les processus de la maladie, notamment les pensées négatives et la peur, créent des blocages d'énergie. Le traitement holistique améliore l'état de santé général, soulage la digestion, les problèmes musculaires, les émotions, et implique quatre processus : le toucher, l'alimentation, l'amélioration des attitudes mentales et les exercices. Les thérapeutes par la polarité équilibrent les courants et les centres d'énergie par divers mouvements. Ils proposent également une variété de régimes purifiants pour se débarrasser des toxines et, selon les besoins de chacun, la mise en place d'une alimentation appropriée pour se reconstruire une bonne santé. Le traitement comprend aussi des conseils pour favoriser une attitude mentale positive. Une série d'exercices simples aide à garder libres les énergies qu'on peut relier aux chakras et aux cinq éléments. On encourage enfin les patients à prendre leurs responsabilités concernant leur santé.

N'importe qui peut pratiquer les exercices du Dr Stone. Ce sont des étirements doux et des mouvements roulés avec quelques exercices plus vigoureux, utilisant mouvements et sons pour débloquer l'énergie – le son étant fort utile pour relâcher les tensions. Il est très important de se reposer après avoir fait ces exercices.

CHAKRA	ÉLÉMENT	GOUVERNE
gorge	éther	les émotions, en particulier le chagrin
cœur	air	les désirs conscients, l'activité mentale, les poumons et le système nerveux
plexus solaire	feu	l'intellect, la colère, la vue, la digestion et la circulation
sacrum	eau	l'instinct, la créativité, la procréation, le système génital et lymphatique
base	terre	l'énergie fondamentale, la sensation d'enracinement, le côlon et l'élimination

LA POSITION ACCROUPIE DE BASE

Cette posture permet à l'énergie du corps de flotter. Elle est excellente pour relâcher les tensions du bassin, zone reliée au chakra du sacrum et à l'élément eau.

Accroupissez-vous, les pieds légèrement écartés (si c'est nécessaire, placez un coussin ou un livre sous vos pieds). Arrondissez votre corps et balancez-vous d'avant en arrière pour ouvrir et étirer le corps.

LE BÛCHERON

Cet exercice est destiné à dénouer l'énergie bloquée dans le chakra du plexus solaire. Il est particulièrement bénéfique pour soulager la colère refoulée, qui, si elle est contenue, peut troubler à la fois le jugement et les fonctions digestives. Criez sans inhibition tout en vous penchant vers le bas pour augmenter les bienfaits de l'exercice.

1 *Debout, les pieds écartés de la largeur du bassin, pliez les genoux, inclinez le bassin vers l'arrière et tenez les mains bien haut au-dessus de la tête comme si vous teniez une hache.*

2 *Penchez-vous vers l'avant à partir de la taille, amenant les mains entre les jambes en mimant l'action d'un bûcheron. Criez en même temps « ha ! » pour soulager les tensions. Gardez les genoux fléchis durant tout l'exercice. Continuez aussi longtemps que cela ne cause pas de fatigue.*

HOMÉOPATHIE ET PHYTOTHÉRAPIE

Une caractéristique importante de la médecine énergétique est de fonctionner en coopération paisible avec le système énergétique. Les produits pharmaceutiques s'attaquent aux symptômes des maladies mais ont parfois des effets secondaires indésirables. Samuel Hahnemann, médecin et pharmacien allemand, fonda l'homéopathie à la fin du XVIIIᵉ siècle. Déçu par les lourdes pratiques médicales de l'époque, il essaya sur lui-même un système de soin entièrement nouveau.

Les médicaments homéopathiques sont issus de substances naturelles, comme les plantes, les minéraux, les venins, etc. Ils reposent sur le principe selon lequel « le même soigne le même » : il faut prendre des remèdes qui produisent chez une personne saine les mêmes symptômes que ceux causés par la maladie, le système immunitaire du malade étant ainsi stimulé pour réagir. Le deuxième principe, très controversé, est celui de la dilution : plus la substance active est diluée dans l'excipient, plus elle est efficace. Mais il se trouve que, selon les lois de la chimie, ces dilutions sont aussi celles auxquelles il ne reste plus aucune molécule de principe actif.

Bien qu'elle soit considérée avec scepticisme par de nombreux médecins conventionnels, il est possible de comprendre l'efficacité de l'homéopathie en termes d'énergie. Hahnemann estimait que le corps est animé d'une « force vitale » qui régularise la santé. La maladie est le résultat direct d'une tentative de l'organisme pour restaurer l'ordre, quand il a été soumis à des perturbations comme une mauvaise alimentation ou du stress. Les médicaments prescrits agiront à un niveau de vibration qui incitera à la guérison. De plus, on a récemment découvert que l'eau peut se révéler un excellent réservoir d'énergie. De récentes expériences suggèrent que l'eau agitée et agitée à nouveau à chaque dilution peut retenir l'empreinte énergétique de la substance d'origine.

Un traitement homéopathique doit absolument se fonder sur une vision complète du patient, sous tous ses aspects : physique, mental et émotionnel. On peut donner différents remèdes à des personnes distinctes pour la

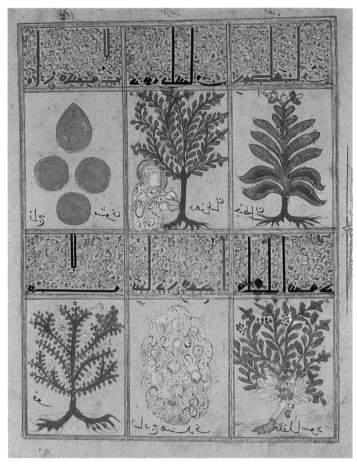

On connaît depuis longtemps les puissantes propriétés de guérison de certaines plantes. Ce manuscrit arabe du XIIIᵉ siècle, le Traité des thériaques, *montre six représentations des thériaques, ou substances antipoison.*

même maladie. Il est donc toujours souhaitable de voir un praticien. Citons cependant quelques substances de base : *Arnica* pour traiter les contusions, *Gelsemium* contre les maux de gorge et la nervosité avant les examens, *Ignatia* pour soulager les chocs et le chagrin, *Nux vomica* contre les indigestions, les nausées et l'ébriété, et *Rhus tox* pour soulager les entorses, les tendinites, les rhumatismes et les engelures. Tous ces médicaments sont suivis d'un chiffre indiquant leur puissance. Généralement, les faibles puissances (6CH), sont utilisées pour des problèmes bénins, et les plus fortes (30CH), pour des cas plus sérieux.

ESSENCES DE FLEURS ET REMÈDES

Le Dr Edward Bach, pionnier des remèdes à base de fleurs, était médecin et homéopathe. Il pensait qu'on pouvait se servir de l'énergie des plantes pour produire des remèdes encore plus doux que ceux des homéopathes, afin de guérir les dysharmonies spirituelles et émotionnelles responsables de nombreuses maladies physiques. Dans les années 1930, il travailla intuitivement en faisant des essais sur lui-même et produisit une série de trente-huit remèdes pour traiter des états mentaux variés, comme la peur, le découragement, la dépression, le manque de confiance, la colère et le ressentiment. Son dernier et trente-neuvième remède, le plus connu, appelé Remède du secours, est une combinaison de six essences (cerise, prune, clématite, impatience, rose alpine et étoile de Bethléem) dont l'effet est calmant et réconfortant.

Les fleurs de Bach sont de purs produits de médecine énergétique. Comme pour l'homéopathie, il n'y a plus de molécule de la plante originelle dans le remède, mais seulement son énergie. Les fleurs sont cueillies à maturité, et on laisse flotter leurs têtes dans un bol d'eau minérale, au soleil. Après plusieurs heures, l'eau énergétisée par le soleil commence à faire des bulles. On retire les fleurs et on conserve l'eau dans des bouteilles sombres avec de l'eau-de-vie comme excipient. L'utilisation des fleurs de Bach s'est largement répandue dans le monde, principalement grâce au bouche-à-oreille. Dans les années 1970, il y eut une véritable explosion d'essences et de remèdes à base de fleurs sur le marché, et d'autres thérapeutes par les plantes commencèrent leurs propres collections. Il y a maintenant quelque 4 000 remèdes disponibles, utilisant des plantes d'Afrique, d'Amazonie, d'Australie et de Nouvelle-Zélande, d'Alaska, de l'Himalaya, d'Hawaii, du Yorkshire et

Croquis de roses apaisantes dans ce codex médical, probablement publié à Constantinople (VIe siècle).

On prend en général les remèdes à base de fleurs sous forme liquide, en en versant quelques gouttes dans un verre d'eau. À conserver dans des bouteilles sombres.

d'Écosse. Les essences de fleurs agissent sur le système énergétique de façon douce et non invasive. Elles permettent de traiter le manque d'harmonie interne ainsi que les sentiments négatifs, et peuvent empêcher certains stress émotionnels et mentaux de s'enraciner dans le corps. La plupart sont extrêmement diluées : quelques gouttes dans un verre d'eau, que l'on garde dans la bouche, suffisent. On en trouve aussi sous forme de crèmes ou d'aérosols. Tous ces remèdes sont sûrs et peuvent être utilisés sur les bébés, les animaux et même les plantes. Il est bon d'en avoir toujours sous la main pour les urgences allant des petits accidents au stress précédant les examens.

On peut se prescrire soi-même ces remèdes, qui ne comportent pas de contre-indications. Pour choisir le remède approprié, servez-vous d'un guide phytothérapeutique. En cas de doute, consultez un professionnel.

LA MÉDECINE AYURVÉDIQUE

Le mot sanskrit *ayurveda* signifie « connaissance de la vie ». Le système médical ayurvédique a été développé en Inde, il y a plus de trois mille ans, par des experts appelés *rishi*, qui approfondirent leur expérience de la méditation pour trouver les causes et les traitements des maladies touchant les hommes, les animaux et les plantes. La médecine ayurvédique se fonde sur l'idée que l'énergie universelle donne vie à toute chose, du soleil aux cellules humaines. Elle considère le corps comme un microcosme, gouverné par des énergies externes et internes complexes.

En ayurveda, toute matière, vivante ou morte, se compose de cinq éléments : terre, eau, feu, air et éther. Chacun a ses propres qualités : leur mélange en proportions différentes donne naissance à la variété infinie de vies sur la terre. Dans le corps, les cinq éléments se combinent de façons variées pour former trois énergies vitales, les trois *dosha* : *vata, pitta* et *kapha.* Chacun est composé de deux éléments : vata, d'air et d'éther ; pitta, de feu et d'eau ; kapha, d'eau et de terre. Bien que les dosha circulent partout dans le corps, on estime qu'à l'origine ils résidaient prioritairement dans certaines régions de l'organisme. Vata, principale force conductrice du corps, circule à travers tous les circuits physiques, joue un rôle actif dans les systèmes nerveux, respiratoire et circulatoire, et est associé au côlon. Pitta gouverne le feu dans le corps ; son équivalent occidental est la digestion et le métabolisme, et il est associé à l'estomac. Kapha, enfin, qui gouverne les phlegmes, l'eau, l'humidité et la graisse du corps, est associé aux poumons.

Au cours de la vie, la proportion de ces différentes énergies change. Cependant, il est vital de maintenir leur équilibre d'ensemble. Les causes les plus fréquentes de déséquilibre sont une mauvaise hygiène de vie, des blessures physiques et mentales, un environnement défavorable,

des influences héréditaires et le karma (cause et effet des vies précédentes). Les médecins ayurvédiques étudiant l'état physique, mental et émotionnel du patient aussi bien que son environnement, on peut considérer l'ayurveda comme une vraie forme de médecine holistique.

Depuis des millénaires, l'ayurveda a constitué la discipline essentielle de la médecine en Inde et au Sri Lanka.

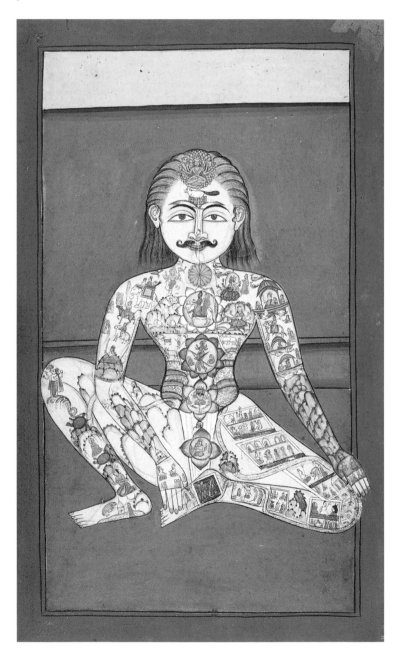

En Inde, on considère le corps comme un microcosme, parce qu'il est soutenu par la même énergie qui se trouve en toute chose. Cette croyance s'illustre dans cette miniature indienne du XIXᵉ siècle qui montre un yogi vu comme une figure cosmique.

TYPOLOGIE CORPORELLE

La proportion des trois dosha varie selon chaque individu et détermine son type physique, son profil mental et émotionnel ainsi que sa santé. Il est très rare qu'ils soient également équilibrés : généralement, un ou deux dosha dominent dès le moment de la conception. Pendant une consultation, un médecin ayurvédique détermine le dosha dominant d'un patient en se servant de critères comme ceux du tableau suivant.

Ceux dont le dosha kapha prédomine ont un pouls lent, égal et fort, semblable au rythme d'un cygne nageant sur l'eau.

CARACTÉRISTIQUE	VATA	PITTA	KAPHA
TAILLE	très grande ou très petite	moyenne	souvent grande
OSSATURE	mince	moyenne	lourde
PEAU	sèche et rugueuse	douce, avec des taches de rousseur	grasse
TEMPÉRATURE	fraîche	chaude	froide
TRANSPIRATION	faible	modérée	abondante
YEUX	petits, gris/noirs	petits, verts/bruns	gros, bleus
DENTS	grosses et de travers	moyennes et jaunes	grosses et blanches
CHEVEUX	fins et noirs	fins, bruns/roux	épais et noirs
POULS	rapide et irrégulier	irrégulier	lent et égal
PAROLE	rapide, abondante	forte, claire	lente, mélodieuse
APPÉTIT	variable	gros	modéré
DIGESTION	bonne	puissante	faible
ACTIVITÉ	intense	modérée	faible
SEXUALITÉ	intense	modérée	faible
SOMMEIL	avec des insomnies	court et profond	long et profond
FINANCES	pauvre, gaspilleur	attentif	riche et économe
MENTAL	créatif, artistique	alerte, concentré	ferme, sûr
MÉMOIRE	bonne à court terme, mauvaise à long terme	bonne	longue à se mettre en place, bonne ensuite

Ceux dont le type dominant est pitta ont un pouls sautillant comme le mouvement d'une grenouille.

Ceux dont la constitution est à prédominance vata ont un pouls fin, rapide et irrégulier qui rappelle le mouvement du serpent.

LES PRATIQUES AYURVÉDIQUES

La prise du pouls est l'un des premiers outils de diagnostic d'un praticien ayurvédique. Sur cette aquarelle d'un artiste de la Compagnie des Indes orientales datant d'environ 1860, on voit un médecin prendre le pouls d'un garçon malade allongé dans les bras de sa mère.

Le diagnostic signifie habituellement en Occident l'identification d'une maladie déjà manifestée. Un praticien ayurvédique, lui, percevra le déséquilibre des dosha chez la plupart des gens, y compris ceux qu'un médecin occidental juge en bonne santé. En détectant assez tôt ces déséquilibres, l'ayurveda peut empêcher des maladies dégénératives de se développer.

Quand on consulte un médecin ayurvédique, il interroge sur l'histoire de la famille, le mode de vie, les habitudes alimentaires et la vie professionnelle. Il examine le pouls, la langue, la peau, les yeux et les ongles pour trouver le dosha dominant et chercher des signes de déséquilibre. En même temps qu'ils déterminent le dosha vata, pitta ou kapha du patient par la prise du pouls (voir p. 119), les praticiens se servent de planches représentant le visage, les lèvres et la langue, pour diagnostiquer les troubles pouvant affecter d'autres parties du corps. Des petites blessures de la langue, par exemple, peuvent être symptomatiques de problèmes du côlon, tandis que des

Les médecins ayurvédiques pratiquaient jadis la chirurgie, comme cet ophtalmologue qui opère un œil.

paupières gonflées indiqueront une maladie des reins, et des lèvres jaunes, une jaunisse. Les ongles peuvent aussi révéler une maladie, en particulier des déséquilibres alimentaires, comme des carences en vitamines et en minéraux, tandis que l'examen des yeux montrera un problème cardiaque ou un diabète, une anémie ou de l'arthrite.

Une fois qu'il a établi son diagnostic, le médecin ayurvédique prescrit une série de traitements à prendre isolément ou combinés, incluant la thérapie par les *marmas*, la méditation, un régime, une pratique, une médication orale et un nettoyage *(panchakarma)*.

Selon l'ayurveda, 107 points d'énergie ou *marma*, répartis dans tout le corps physique, sont alimentés par l'énergie du corps subtil centrée dans les chakras (voir p. 44-45). Il existe trois points principaux : la tête, le cœur et la vessie. Une blessure grave de l'un de ces centres peut entraîner la mort. Si l'énergie est bloquée en un point marma, deux traitements sont possibles : la ponction ou le massage, que l'on peut comparer respectivement aux méthodes chinoises d'acupuncture et d'acupression. La ponction suppose l'insertion d'aiguilles ou l'application de chaleur avec des moxa sur ces points. Le massage utilise les mêmes points, mais avec la chaleur des mains seulement. La thérapie marma traite des problèmes de tension, la constipation, la migraine, la sinusite, l'impuissance, l'asthme, les hémorroïdes, les rhumatismes, l'eczéma, les irritations de l'intestin, des diverticules, etc.

L'ayurveda est le seul système médical qui explique en détail les méthodes de nettoyage complet pour prévenir et traiter la maladie. Bien que ces procédés paraissent désagréables aux Occidentaux, les nettoyages internes et externes font mieux circuler les énergies et permettent aux organes de mieux fonctionner. On distingue cinq types de nettoyage, ou *panchakarma* : les inhalations, les vomissements thérapeutiques, les lavements à base de plantes, ceux à base d'huile, et enfin les lavements par laxatifs. Il faut en effectuer au moins un par saison pour évacuer les excès de dosha et de toxines. Cette thérapie est valable pour tous, mais on ne doit l'essayer qu'avec un médecin ayurvédique.

Les deux autres traitements qui stimulent l'énergie du corps sont *sneha karma*, ou massage avec de l'huile, et *sweda karma*, thérapie par la sueur (par un bain de vapeur aux plantes). Le massage avec de l'huile ramène les toxines à la surface du corps, et la transpiration les élimine ensuite de la peau pendant le bain de vapeur aux plantes. D'autres techniques existent, comme *shirodhara*, où l'on fait tomber goutte à goutte de l'huile sur la tête pour aider le cerveau à fonctionner, et *rakta mokshana*, ou saignée, recommandé par certains spécialistes ayurvédiques pour purifier le sang.

En Inde, des herboristes vendent encore dans la rue les remèdes traditionnels à l'état brut.

MÉDECINE AYURVÉDIQUE ET PLANTES

Toute une série de remèdes ayurvédiques pour combattre la maladie et débloquer l'énergie dans le corps sont composés de plantes. Les préparations peuvent être à base de coriandre, de gingembre et de jasmin, qui sont cultivés pour leurs propriétés curatives depuis des millénaires et se présentent sous forme de poudres, essences, pilules et cataplasmes. Les médecins prescrivaient jadis à leurs patients des plantes séchées à mélanger chez eux. Aujourd'hui, les remèdes tout prêts sont largement disponibles chez les commerçants spécialisés.

LES PHYTOTHÉRAPIES ORIENTALES

Les traditions médicales de la Chine, du Japon et du Tibet ont toujours mis l'accent sur la prévention, le soin du corps et les thérapies naturelles pour se maintenir en bonne santé. Les médecins ne font généralement appel aux traitements pharmaceutiques et chirurgicaux qu'en dernier ressort.

Pour être en bonne santé, il faut d'abord prendre conscience de l'influence de l'alimentation, de l'environnement, des pensées et des émotions sur l'énergie du corps. Il faut ensuite apprendre à travailler positivement avec chacun de ces facteurs. Si un déséquilibre se manifeste, le médecin peut employer des techniques de palpation, comme la prise du pouls ou le diagnostic abdominal. Il observera aussi la langue, la peau et le visage du patient, et s'inquiétera des symptômes courants. Le traitement initial repose toujours sur des remèdes naturels, non invasifs. Chacun de ces systèmes médicaux anciens comprend une étude détaillée ainsi qu'une pratique de la

Au XIXᵉ siècle, les Chinoises étaient trop pudiques pour se déshabiller devant leur médecin. Elles utilisaient donc des statuettes – comme celle-ci, en ivoire – pour montrer où elles souffraient.

médecine par les plantes. Les plantes sont classées selon leurs propriétés et leurs effets sur l'énergie du corps. Certaines rafraîchissent en cas de fièvre et d'inflammation, d'autres réchauffent, purifient et purgent. Différentes parties de la plante sont utilisées, comme la racine, la fleur, les feuilles et l'écorce. Le moment de la cueillette et la préparation sont essentiels. Ces plantes seront adminis-

LES BOISSONS SIMPLES À BASE DE PLANTES

Pour réchauffer le corps, coupez quelques tranches de gingembre frais et mettez-les dans un bol avec le jus d'un demi-citron et une cuillerée à café de miel. Ajoutez de l'eau bouillante, puis buvez lentement...

L'hiver, c'est une boisson idéale qui prévient et soulage les rhumes, réchauffe les extrémités et apaise les nausées.

Pour rafraîchir le corps, prenez de quatre à six feuilles de menthe fraîche et rincez-les avec soin dans de l'eau froide. Mettez-les dans un bol et ajoutez de l'eau bouillante. Laissez infuser cinq minutes

et buvez. Pour en faire une boisson d'été, servez-la froide. La menthe dégage la tête et facilite la digestion.

Les extraits de gingembre, de citron et de menthe agissent sur l'énergie du corps. C'est ainsi qu'ils peuvent contribuer à restaurer la santé de ceux qui les consomment.

trées sous forme de pilules, de crèmes, de poudres, mais on les utilise aussi très souvent à l'état brut, crues, sous forme de thé ou en infusion.

On peut se les procurer facilement et même les faire pousser dans un potager pour un usage simple et quotidien. La cannelle et le gingembre, par exemple, qui ont des propriétés échauffantes, ajoutés à des boissons, à des céréales, à des plats végétariens, chauffent le corps et favorisent la circulation d'énergie dans les extrémités des membres. Au contraire, la menthe rafraîchit et stimule l'activité mentale ; sous forme de tisane ou incorporée à la nourriture, elle facilite la digestion.

Certaines plantes étant toxiques, il faut toujours consulter un herboriste professionnel. De plus, il faut savoir que de nombreux médicaments vendus par les herboristes sont à base de coquillages, de minéraux, d'animaux ou d'insectes. Si vous réprouvez la prise de médicaments dérivés de produits animaux, particulièrement

quand ils proviennent d'espèces en voie de disparition, comme les tigres ou les rhinocéros, soyez-en conscient.

La médecine par les plantes se combine souvent à d'autres traitements comme le massage, la moxibustion (voir p. 103) et des exercices thérapeutiques issus du qigong et du tai-chi.

Si ceux-ci ne vous apportent pas le résultat désiré, vous pouvez utiliser des techniques plus invasives comme l'acupuncture, la saignée ou la chirurgie.

Les médecins traditionnels en Chine, au Japon et au Tibet sont formés à trouver et à préparer des plantes. Ils en connaissent précisément les propriétés médicinales. En Occident, alors que de nombreux médicaments comme l'aspirine résultent de préparations à base de plantes, peu de médecins ont une bonne connaissance de la thérapie par les plantes, ce qui a contribué en Occident au développement de médicaments chimiques.

L'un des moyens de diagnostic les plus importants de la médecine traditionnelle chinoise est la prise du pouls ; cette gravure chinoise datant de 1902 montre un médecin prenant le pouls de son patient à l'aide de trois de ses doigts.

ÉNERGIE, ALIMENTATION ET BIEN-ÊTRE

LA RECHERCHE DE L'ÉNERGIE touche chaque aspect de la vie : nourriture, travail, jeu, relaxation, repos, sommeil… Nous oublions souvent nos besoins essentiels en matière de repos et de réapprovisionnement en énergie, car nous donnons trop d'importance au «faire», à l'«agir». Pourtant, les philosophies orientales nous rappellent que le tout reste incomplet lorsqu'il n'est pas à la fois yin et yang, obscurité et lumière, activité et repos.

Ces polarités se réfléchissent dans les cycles d'énergie de la nature, comme les heures du jour et les saisons. Si l'on perd le contact avec ces rythmes naturels, on ne profite pas des gains d'énergie et on ne peut pas se prémunir contre les pertes d'énergie. Ce chapitre montre comment maintenir l'énergie et combattre le stress par l'alimentation, la relaxation et le sommeil, dans un environnement favorable.

OPTIMISER SON ÉNERGIE

En exerçant l'imagination autant que le corps et en favorisant le rire, les jeux peuvent nous garder en bonne santé.

Pour que le corps fonctionne correctement, il est essentiel de bien manger et de bien respirer, d'éviter trop de stress, de prendre le temps de se détendre et de dormir, et de soigner son environnement. Ici, la notion de qualité peut dépendre de la qualité des ingrédients (nourriture, air), de la méthode utilisée, ou des horaires. Par exemple, le système digestif, très efficace tôt le matin, le devient de moins en moins au fur et à mesure de la journée. Idéalement, le repas principal devrait donc être le petit déjeuner ou le déjeuner, avec un repas léger pris tôt le soir.

À certains moments, l'énergie a besoin de supports complémentaires. En hiver, le manque de lumière peut affecter le corps et le mental. De nombreuses personnes souffrent d'un syndrome dépressif saisonnier, qui peut parfois être très simplement soulagé par la lumière… La pratique d'exercices, en particulier dehors, à la lumière du jour, peut permettre à l'énergie de continuer à circuler.

Prendre du repos est aussi vital lors de maladies, pendant la grossesse et au cours de périodes de travail intensif ou de stress émotionnel. Combattre la maladie peut être une attitude admirable mais doit conduire plus à coopérer avec les besoins du corps qu'à les dépasser. De même,

pendant la grossesse, quand une femme consomme son énergie pour créer une nouvelle vie, il faut qu'elle reste attentive à ses propres besoins.

À n'importe quelle période stressante de la vie, il faut veiller aux besoins nutritionnels et vitaminiques, et prendre beaucoup de repos. Si nécessaire, demander l'aide d'un thérapeute tel qu'un homéopathe.

De même qu'il y a généralement une cause évidente à la fatigue, les remèdes sont souvent simples et naturels. Inclure une marche quotidienne de vingt à quarante minutes dans votre emploi du temps (si possible, marcher pieds nus sur le sable ou dans l'herbe, l'été) peut nettement augmenter votre niveau d'énergie. Prendre du temps pour le plaisir peut aussi être très gratifiant. Le rire énergétise instantanément : il purifie les chakras du sacrum et du plexus solaire (comme le font les pleurs, qu'il ne faut pas réprimer quand on en a besoin).

L'énergie baisse naturellement avec l'âge. On ne peut stopper le vieillissement, mais on peut maintenir son état de santé et sa vitalité en veillant à son énergie par une bonne alimentation et par la pratique d'exercices. Le qigong et le yoga, de même que la marche, permettent de mieux réagir au vieillissement, le plus important étant sans doute de savoir garder un mental positif : la retraite donne du temps pour explorer de nouvelles activités créatives et sociales, et le fait de rester actif peut ralentir la détérioration des cellules du cerveau.

ALIMENTATION ET ÉNERGIE

Il est bien connu que notre alimentation influence notre énergie. Certains modes alimentaires peuvent fatiguer l'organisme, causant une myriade de problèmes de santé, alors que d'autres stimulent la vitalité et favorisent la longévité. Ceux qui souffrent d'indigestion et d'irritations intestinales, par exemple, se sentiront bien mieux s'ils excluent de leur alimentation le blé, les laitages et le gluten, alors que l'on conseille à ceux qui ont des problèmes cardiaques de suivre un régime méditerranéen avec beaucoup de légumes frais, de poisson et d'huile d'olive au lieu de graisses saturées. L'observation des plus vieux habitants de la planète montre qu'ils se nourrissent souvent modérément, avec des produits locaux frais, très peu cuits.

En Occident, l'importance donnée à l'alimentation tend à se concentrer sur des problèmes d'équilibre entre glucides, protides, lipides et sources de vitamines et minéraux essentiels à la santé.

Pour qu'une alimentation soit saine, elle doit contenir beaucoup de fruits et de légumes frais, des glucides complexes comme les céréales, du pain complet ou des pâtes; des protéines sous forme de viande blanche (trop de viande rouge n'est pas souhaitable) et de poisson, de produits laitiers maigres ou de légumineuses, et un peu de graisses polyinsaturées. En raison des additifs alimentaires, des pesticides et des pratiques agricoles intensives, on a tendance à se tourner de plus en plus vers la nourriture végétarienne et les produits biologiques. Pourtant, trop nombreux encore sont ceux qui ont recours à la restauration rapide (hamburgers, boissons gazeuses sucrées, produits industriels, chips et bonbons). À long terme, l'excès d'une telle nourriture accroît la fatigue et détériore la santé.

Un autre problème concernant l'alimentation occidentale découle de la facilité du transport des marchandises, du commerce et de la conservation des aliments, qui fait que l'on mange fruits et légumes sans respecter la saison ni le lieu d'origine. Les fruits sont souvent cueillis avant d'être mûrs, réfrigérés pendant leur transport et quelquefois même irradiés pour leur assurer une longue conservation sur l'étalage. Selon la philosophie orientale, ces pratiques dérobent à la nourriture non seulement ses nutriments, mais aussi son énergie vitale – qui, dès lors, ne vient plus soutenir la nôtre.

L'alimentation méditerranéenne consiste en grande part en poisson frais, légumes et fruits, ail, huile d'olive et un peu de vin rouge. On la recommande aux personnes qui ont des problèmes cardiaques parce qu'elle peut faire baisser le taux de cholestérol dans le sang.

LE YIN ET LE YANG DES ALIMENTS

La façon de considérer la nourriture et l'alimentation est différente en Orient et en Occident. En Orient, elle se fonde sur la connaissance des propriétés des aliments et de leurs effets sur le corps plus que sur leurs constituants, et tous les aliments sont classés selon les principes du yin et du yang (voir p. 20-21). Fondamentalement, la nourriture aux propriétés yin va être rafraîchissante, longue, fine, aqueuse, douce et de couleur foncée, alors que celle aux propriétés yang va être échauffante, courte, large, sèche, dure et de couleur claire. Les aliments typiquement yang sont la viande, le fromage sec, le sel, alors que les yin comportent du sucre et de l'alcool.

En général, les aliments venant de l'eau – comme le poisson, les coquillages, les algues – sont plus yin, et ceux venant de la terre, plus yang. De même, les aliments qui ont poussé dans l'obscurité et sous terre – racines des légumes, champignons – sont plus yin, tandis que ceux qui ont poussé à la lumière et sur la terre sont plus yang. Quoi qu'il en soit, ces principes sont toujours relatifs. On peut considérer le poisson comme yin parce qu'il vit dans l'eau, mais aussi comme yang lorsqu'on le compare aux algues, par exemple. Quelques aliments, notamment certaines graines, sont considérés comme neutres quand ils n'ont pas de propriétés particulièrement échauffantes ou rafraîchissantes : ce sont ces aliments qui devraient constituer la base de notre alimentation.

La façon de cuisiner est importante et peut modifier les propriétés d'un aliment. On peut rendre un morceau de poisson plus yang en le grillant ou en le faisant frire, alors que la viande, comme le poulet, sera moins yang après avoir été cuite à la vapeur.

Dans le système oriental, une alimentation équilibrée propose beaucoup d'aliments neutres et aussi un équilibre entre la consommation de produits yang et yin. Il est

Comme ils vivent dans l'eau, les poissons sont considérés comme yin, sauf si on les compare à des formes de vie moins actives.

Le riz, aliment neutre, est la nourriture de base en Orient. Il est largement cultivé en Chine, souvent en terrasses comme dans ces champs du Yunnan.

cependant vital d'adapter l'alimentation à la constitution de l'individu. Les personnes minces, faibles et froides, qui sont excessivement yin, doivent éviter la nourriture yin comme le sucre et l'alcool, et veiller à consommer des produits qui réchauffent. En revanche, celles qui ont tendance à être chaudes, rouges de visage, enveloppées, et qui transpirent facilement, doivent éviter la nourriture yang, comme la viande et le fromage, et consommer davantage de produits yin rafraîchissants. De cette façon, l'état du corps peut s'équilibrer.

Selon ce système de pensée, la nourriture est un facteur crucial du développement de la conscience. Des nourritures différentes affectent l'esprit et les émotions autant que le corps. Des aliments très yang peuvent rendre les gens irritables, dominateurs, bruyants et agités. Des aliments très yin peuvent induire léthargie, passivité et dépression. Si l'on veut vivre longtemps et en bonne santé, il faut manger modérément et de façon équilibrée.

La cuisson à la vapeur, très populaire en Orient, augmente l'humidité des aliments, les rendant plus yin.

LA MACROBIOTIQUE

La macrobiotique, fondée sur le désir de vivre en harmonie avec la nature, son environnement et l'univers, est un régime mis au point depuis des millénaires au Japon. Elle a comme principes, entre autres, de ne manger que ce qui a poussé localement ou sous un climat identique, de n'utiliser que des produits frais, de peu cuire les aliments et de les choisir dans leur forme entière et la plus naturelle.

On distingue aliments principaux et aliments supplémentaires. Au moins la moitié de notre nourriture doit provenir de céréales complètes – riz, millet, orge, seigle, sarrasin –, qui, associées à des légumineuses comme les lentilles et les haricots, sont considérées comme les aliments les plus fondamentaux. Parmi les aliments supplémentaires, plus de la moitié doit consister en légumes ayant poussé en surface; le quart restant, en algues et en graines; et le reste, en fruits, fruits de mer et viande.

Les méthodes de cuisson les plus courantes sont la vapeur et la grillade. La façon de manger ainsi qu'une jolie présentation de la nourriture, comme offrande aux dieux, ont leur importance. On doit mastiquer correctement et lentement, et laisser de la place dans l'estomac à la fin de chaque repas.

Cette gravure japonaise du XIXe siècle, peinte par Kunisada Utagawa, illustre comment une alimentation mal adaptée ou excessive peut surcharger le système digestif.

LES THÉORIES AYURVÉDIQUES DE LA NUTRITION

En ayurveda, on insiste sur l'importance d'une nourriture équilibrée pour prévenir la maladie et accroître la vitalité. Comme dans le système chinois (voir p. 128), la nourriture est considérée par rapport à sa nature et à ses effets sur le corps, mais, au lieu de la décrire selon deux principes, ceux du yin (aux propriétés froides et statiques) et du yang (aux propriétés chaudes et actives), la tradition indienne place chaque aliment dans l'une des trois grandes catégories appelées *rajas, tamas* et *sattva* qui, ensemble, constituent la base de tout ce qui existe.

La nourriture rajas est active et favorise l'énergie dans le corps physique. Elle est naturellement chaude et peut attiser les émotions. L'aliment typiquement rajasique est la viande. En manger rend agressif et active les instincts, donc, au mieux, on l'évitera ou on n'en mangera qu'en petites quantités.

La nourriture tamas est de nature lourde et lente, rend léthargique et peu vif mentalement. Tout ce qui manque de fraîcheur, est rassis, en boîte, industriel ou réchauffé, ainsi que l'alcool et les cigarettes, sont tamas et doivent aussi être évités.

La nourriture sattva est idéale, parce qu'elle aide à purifier le corps et à affiner la conscience. Les aliments typiquement sattva sont le lait et les fruits. L'ayurveda donne ainsi la priorité aux aliments sattva dans l'alimentation.

Pour définir un régime alimentaire, il faut tenir compte de la nature de l'individu. S'il est rajas (irritable et ardent, souffrant en particulier du foie ou de la vésicule biliaire), il faut remplacer tous ses aliments rajas, comme la viande, par de la nourriture sattva, tels les fruits frais et les légumes. S'il est tamas (léthargique), il peut consommer un peu de nourriture rajas pour réchauffer les zones de stagnation dans son corps et créer une nouvelle vitalité.

La nourriture sattva est essentielle lorsque l'on souhaite poursuivre une pratique spirituelle, parce qu'elle purifie et élève la conscience, mais on doit toujours en considérer les effets par rapport à l'environnement. En Inde, où la plupart du temps il fait chaud et sec, et où les vaches sont sacrées et bien soignées dans leur environnement naturel, le lait, considéré comme sattva, représente une source nutritionnelle essentielle. Dans les pays du nord de l'Europe, où il fait souvent froid et humide, et où le bétail est élevé « industriellement », on peut à peine considérer le lait comme sattvique. De nature humide, il est plutôt considéré comme tamas, et il vaut mieux l'éviter.

On peut également classer les aliments selon leur goût (sucré, salé, acide, amer, astringent ou piquant) ou selon d'autres propriétés (froid ou chaud, lourd ou léger, sec ou gras).

Le régime qui convient le mieux à un individu se détermine à partir de son type de constitution selon les trois dosha, ou humeurs (vata, pitta et kapha), qui sont les manifestations des cinq éléments (éther, air, feu, eau et terre) du corps physique (voir p. 118).

Par exemple, quelqu'un du type vata, plutôt mince, faible et agité, doit éviter les fruits secs, les légumes crus, les aliments acides et les viandes, parce que cela peut l'exciter et accroître son agitation. Il doit plutôt manger beaucoup de fruits sucrés, du riz complet et des légumes cuits. Les individus du type pitta, plutôt forts et gros mangeurs, doivent limiter leur consommation d'ail, d'oignons, de poivrons et

d'épices, et manger beaucoup de légumes verts, de salades, de pommes et de champignons. Et ceux du type kapha doivent éviter les produits froids, les laitages et les fruits rafraîchissants tels que bananes, noix de coco et papayes, et les remplacer par des aliments secs – fruits secs, riz blanc, radis et grenades. Le feu digestif du corps, ou *agni,* a aussi son importance dans l'alimentation ayurvédique. S'il est faible, l'appétit et le sens du goût sont faibles et la personne peut avoir des problèmes de digestion. Manger trop, pas assez ou des produits de mauvaise qualité affaiblit le feu et engendre la maladie. On estime que, une fois digérée, la nourriture alimente les sept *dhatu* ou tissus qui constituent le corps. Il faut donc absolument sélectionner ce que l'on mange, puisque, si l'on nourrit mal les dhatu, on provoque des problèmes à la fois physiques et mentaux.

L'ayurveda insiste sur l'importance de manger calmement dans un endroit tranquille, sans distraction comme la télévision, de mastiquer consciencieusement les aliments et de laisser de la place dans l'estomac à la fin du repas. Combiner des pratiques alimentaires saines à des exercices de yoga, de respiration et de méditation est la meilleure façon d'améliorer la santé et de progresser spirituellement.

Le terme sanskrit agni *signifie à la fois feu et digestion. Il décrit les forces présentes dans chaque cellule du corps, qui brisent les substances consommées pour en retirer l'énergie.*

L'EAU

L'eau joue un rôle vital dans le maintien de l'équilibre du corps. On doit en boire en mangeant pour humidifier la langue, distinguer plus facilement les goûts et favoriser la digestion. Il faut éviter d'en boire beaucoup après avoir mangé, parce que cela dilue les sucs digestifs et empêche l'absorption des nutriments. Pour éviter la déshydratation, veillez à varier, selon la saison et la température, la quantité d'eau ingérée.

Pendant l'été, particulièrement dans les pays chauds, veillez à augmenter votre consommation d'eau.

GÉRER SON STRESS

Un léger stress est bénéfique : il facilite le mouvement de l'énergie dans le corps et permet de mieux s'« étirer » physiquement et mentalement. Mais un stress prolongé épuise les systèmes nerveux et immunitaire, et rend vulnérable à la maladie. En général, il est souhaitable de prévenir le stress par un mode de vie en harmonie avec les rythmes naturels de l'énergie, et donc d'équilibrer le travail, les tâches quotidiennes, l'exercice, le repos et le jeu. Au travail, il est important de veiller à se protéger de la pollution électromagnétique émise par les ordinateurs et autres équipements électriques (voir p. 150), de contrôler sa posture (voir p. 54-55) et de ne pas laisser l'énergie stagner en restant assis trop longtemps. Quand on se concentre ou qu'on étudie longtemps, il est essentiel de faire régulièrement des pauses pour s'étirer, respirer et récupérer mentalement de l'énergie. Comme il y a une baisse naturelle d'énergie au début de l'après-midi, une sieste serait bienvenue. Lorsque cela n'est pas possible, marchez un peu en plein air, en tout cas évitez les réunions importantes ou les décisions à prendre juste après le repas.

Le stress a un effet direct sur la façon de respirer. Si l'on est stressé, on a tendance à faire des mouvements respiratoires rapides et courts. En s'efforçant de respirer profondément, complètement et en rythme quand il y a beaucoup de pression, on peut rétablir le calme. En expirant plus longtemps qu'on n'inspire, on pourra se débarrasser de l'air vicié du système respiratoire et le remplacer par de l'air pur.

On peut aussi réduire le stress en se remémorant un souvenir agréable ou en visualisant son image préférée quelques minutes. En mobilisant tous ses sens, on recrée visuellement chaque détail de l'événement ou de l'image

EXERCICES RESPIRATOIRES

Ils augmentent la circulation d'oxygène dans le corps et servent à relaxer les muscles. La première partie de l'exercice ouvre la poitrine, laissant plus d'air entrer dans les poumons. La deuxième accroît la quantité d'air dans le bas de la poitrine, et le contact des paumes sert à être attentif à cette zone.

Après une dure journée de travail, faites cet exercice pour apaiser votre mental. Laissez les tensions accumulées se dégager et concentrez-vous sur la respiration. Imaginez qu'à chaque respiration vous relâchez des tensions et que corps et mental deviennent de plus en plus détendus et apaisés. Effectué le soir, cet exercice aidera aussi à établir une bonne respiration pendant le sommeil.

Allongez-vous, les bras le long du corps. Inspirez et étirez les bras au-dessus de la tête. Cherchez à sentir l'étirement en ouvrant la poitrine. Expirez et ramenez les bras de chaque côté et détendez-vous. Recommencez cinq fois. Placez maintenant les paumes contre les côtes inférieures. Inspirez lentement par le nez en remplissant la poitrine du bas vers le haut. Laissez se faire l'ouverture de la poitrine en sentant les paumes s'écarter. Expirez en sentant descendre vos paumes alors que le bas de la poitrine s'affaisse. Ne retenez ni ne forcez la respiration, mais laissez-la s'installer : elle doit devenir large, profonde, rythmée et détendue. Continuez l'exercice huit minutes jusqu'à être parfaitement calme.

dans le mental. De quelle couleur étaient le ciel, la mer, la terre? Qui était là? Quels vêtements portaient mes compagnons? Que disaient-ils? Que pouvait-on entendre d'autre? Y avait-il une odeur ou un goût particuliers? Sentez le soleil sur votre peau, la texture de la terre sous vos pieds, le vent dans vos cheveux. Appréciez ces sensations jusqu'à vous sentir détendu et rechargé. Une très bonne source de détente peut venir d'un moment passé dans la sérénité de la nature, lors d'un lever ou d'un coucher de soleil, d'un clair de lune, en écoutant le bruit de l'océan ou en appréciant la campagne, la vue d'un étang ou d'un lac.

En yoga, on met l'accent sur la respiration, la visualisation et la méditation, techniques ayant toutes prouvé qu'elles réduisaient le stress. Ce yogi médite sur les bords du Gange, à Vanarasi, en Inde.

LA POSTURE DU CADAVRE (SHAVASANA)

Shavasana, ou posture du cadavre, est la posture type du yoga pour la relaxation. On la pratique au début et à la fin de chaque séance, et plus brièvement entre chaque posture. Elle sert à relâcher les tensions physiques et également à se détendre mentalement. Plutôt que d'étirer et de relâcher tour à tour chaque partie du corps, comme on le conseille ici, certaines écoles de yoga proposent d'étirer largement tous les membres en une fois.

Respirez avec l'abdomen (si c'est nécessaire, placez les mains dessus pour vérifier que vous respirez correctement). On termine souvent l'exercice en visualisant une belle expérience de sa vie, en se nourrissant d'agréables souvenirs.

Allongez-vous sur le dos, les mains à environ 12 centimètres de chaque côté du corps, les paumes vers le haut et les pieds écartés d'environ 25 centimètres. Le corps doit être bien aligné et équilibré. Fermez les yeux et respirez doucement. Dans la posture, étirez vos jambes, faites tourner vos chevilles et relâchez-les ensuite vers l'extérieur. Recommencez ce processus d'étirement et de relâchement avec les bras, la tête, et n'importe quelle partie de votre corps que vous sentez tendue.

Imaginez que votre corps est lourd et s'enfonce dans le sol. Abandonnez-vous à la pesanteur. Sentez-vous comme un enfant en sécurité dans le giron de la terre-mère.

LA MÉDITATION DU YOGA

Il est souvent plus facile de méditer dehors. Pour les hindous, le Gange est un fleuve particulièrement sacré, et Gangotri, lieu situé sur le haut Gange, un site favori pour la méditation.

La méditation est un état naturel que l'on obtient en restant calme physiquement et en se concentrant sur un seul point, en empêchant l'esprit de bavarder ; ainsi, l'intuition peut prendre le dessus et la relaxation se développer progressivement.

Préparez bien votre environnement avant de commencer à pratiquer la méditation. Réservez-vous un endroit spécial qui soit calme, chauffé et confortable. Vous pouvez construire un autel : recouvrez une table d'un métrage de tissu blanc (symbolisant la pureté et la synthèse de toutes les couleurs du spectre) et décorez-la avec des bougies, l'image d'une divinité, un symbole spirituel ou un vase de fleurs. On peut améliorer l'atmosphère en brûlant de l'encens, en mettant de la musique douce et en réduisant la lumière.

Il est important de méditer tous les jours à la même heure. L'aube et le crépuscule sont les moments les plus énergétiques sur le plan spirituel. Sinon, choisissez le moment qui vous convient. Commencez à méditer vingt minutes par jour et augmentez progressivement, jusqu'à une heure.

Asseyez-vous confortablement en position du lotus (voir p. 136-137) ou simplement jambes croisées ou sur les talons. Commencez à régulariser votre souffle. Inspirez et expirez profondément quelques minutes, puis ralentissez consciemment. Veillez à ne respirer que par le nez pour augmenter l'oxygène dans le sang et faciliter la circulation du prana dans le corps (voir p. 42-43).

Sans bouger, concentrez-vous sur un objet physique, comme une bougie allumée, un symbole sacré ou une fleur, à l'exclusion de toute autre chose – au début, vous pouvez vous permettre de choisir un objet global : par exemple, plutôt que de méditer sur une seule fleur, choisir la plante entière. Quand vous êtes un peu fatigué de la fleur, reposez vos yeux en regardant les feuilles et le tronc avant de revenir à la fleur. Méditer sur un symbole sacré comme OM (voir p. 41), une croix, un lotus ou un *yantra* (diagramme géométrique) peut faire prendre

TRATAK

La pratique du *tratak* nécessite de fixer un objet ou un point sans cligner des yeux. On doit donc garder son corps parfaitement calme : seuls les nerfs optiques sont actifs.

On se sert souvent de la flamme d'une bougie mais aussi d'autres objets, comme le symbole OM (voir p. 41), l'image d'une divinité, une fleur, ou bien même le bout de son nez ou l'espace entre les sourcils.

Placez l'objet de concentration à la hauteur des yeux, à une distance d'un bras. Regardez-le fixement sans forcer vos yeux. Quand ceux-ci sont fatigués et commencent à pleurer, fermez-les doucement. Imaginez alors que l'objet de concentration a réapparu dans votre troisième œil ou dans le cœur.

Quand l'image mentale disparaît progressivement, ouvrez les yeux et recommencez à fixer. La durée de l'exercice augmentera avec la pratique.

On se sert aussi du tratak comme d'une technique de nettoyage dans la tradition du hatha-yoga, au même titre que les nettoyages du nez, de l'estomac, du système respiratoire ou de l'abdomen. La pratique du tratak renforce le nerf optique et améliore la vue.

Le hatha-yoga accorde beaucoup d'importance à cet exercice, qui purifie et apaise le mental, tout en développant remarquablement la concentration. Au début, il influe sur le nerf optique par la concentration de la vue, puis il permet de prendre le contrôle des autres sens,

Bien que le tratak puisse se pratiquer en fixant n'importe quel objet, on utilise souvent une flamme.

pour finalement mener vers l'éveil et des états supérieurs de conscience. Avec la pratique, en effet, la distraction induite par les sens diminue et la révélation se manifeste.

---

conscience de sa signification profondément spirituelle. Ce sont tous des symboles de l'Absolu, de l'origine des choses, qui permettent de prendre conscience de son unité avec les autres et avec l'Absolu. Méditer met en évidence la nature de la réalité.

Une fois que vous serez entraîné à vous concentrer sur un objet extérieur, vous pourrez diriger votre esprit vers un point à l'intérieur de vous-même, comme le chakra *ajna* (entre les sourcils) ou le chakra *anahata* (celui du cœur). Par la suite, vous reprendrez toujours le même point de concentration. Fermez les yeux alternativement et visualisez un symbole sacré. Répéter un mantra (voir p. 41) en silence ou à haute voix peut vous aider. Même si vous ne parvenez pas immédiatement à l'état de méditation, vous conditionnez tout de même positivement votre mental. Continuez à pratiquer, et vous améliorerez votre pouvoir de concentration et pourrez éventuellement accéder à un état supérieur de conscience.

Plan circulaire de la cité de Shambhala (Shangri-la) utilisé comme objet de méditation.

LA RELAXATION TIBÉTAINE

La médecine traditionnelle tibétaine estime que l'énergie du corps se détermine en fonction de l'équilibre de trois « humeurs », vent, bile et phlegme, qui existent en toute chose et régularisent la fonction des organes du corps humain. Elles sont influencées par l'alimentation, l'environnement et l'attitude mentale. Quand elles ne sont pas équilibrées survient la maladie.

La médecine tibétaine reconnaît trois types de stress liés à ces trois humeurs. Le vent est lié à la respiration et au mouvement, et le stress du vent se caractérise par l'agitation mentale, les tensions, la fatigue, le bruit dans les oreilles et la constipation. La bile est liée à la digestion, au teint et au tempérament, aussi le stress de la bile se définit-il par l'indigestion, l'irritabilité, l'impatience, les maux de tête et les migraines. Le phlegme est lié au sommeil, à la mobilité et à la souplesse, aussi le stress du phlegme se manifeste-t-il par l'insomnie, la mollesse, la dépression, la léthargie, la fatigue et le froid aux extrémités des membres.

Pour équilibrer les humeurs, on doit mesurer son alimentation, son activité et sa quantité de travail, vivre dans un climat modéré et avoir une attitude mentale positive. La façon d'agir est tout aussi importante : une vie non violente, pleine de charité et de compassion, est gage de bonne santé et de longévité.

Les attitudes mentales et émotionnelles jouent un rôle clé dans le maintien de l'équilibre. La médecine bouddhiste distingue trois poisons mentaux qui influencent les trois humeurs du corps et sous-tendent donc toutes les affections. Le désir, même caché, l'envie et l'attachement créent des désordres du vent. La haine, y compris la colère et la jalousie, favorise le déséquilibre de la bile. L'ignorance, sous forme de paresse mentale, de confusion et d'incompréhension, accroît le phlegme. On doit faire un effort conscient pour éloigner du corps ces trois poisons.

La clé de l'équilibre du corps est la relaxation. Elle permet à l'individu de guérir, de rajeunir, et aussi de se relier à la vitalité invisible mais infinie de l'univers. Le corps se détendant, les humeurs s'équilibrent, et le mental devient plus calme et plus vigilant.

Bronze doré tibétain datant du XIᵉ siècle, et qui représente le Bouddha Shakyamuni (Bouddha historique) en méditation.

LA POSTURE DE MÉDITATION BOUDDHISTE

La façon la plus efficace de se relaxer consiste à méditer régulièrement dans une posture assise confortable. Dans la méditation traditionnelle bouddhiste, le corps et le mental se détendent, et la circulation énergétique du corps devient douce et régulière.

Enlevez vos chaussures et tout vêtement serré. Asseyez-vous jambes croisées, en demi-lotus (comme sur l'illustration) ou en lotus. Si vous ne pouvez pas, asseyez-vous confortablement en tailleur. Mettez un coussin sous le coccyx pour surélever vos hanches et laissez les genoux toucher le sol. Ces postures permettent d'obtenir une base triangulaire solide qui facilite la circulation d'énergie. Si cette position est trop inconfortable, vous pouvez vous asseoir bien droit au bord d'une chaise, les pieds à plat par terre.

Concentrez votre regard sur le bout de votre nez ou sur un point au sol, en face de vous pour favoriser la prise de conscience mentale et empêcher la somnolence.

Laissez vos lèvres s'entrouvrir et détendez vos joues. Comme il y a de nombreuses tensions dans les joues et la bouche, relâchez-les pour vous relaxer.

Placez doucement le bout de la langue contre le palais pour unifier les énergies mâle et femelle et relier les vaisseaux d'énergie qui montent le long du milieu du dos et redescendent le long du milieu de l'avant du buste.

Baissez légèrement le menton vers la poitrine pour étirer le cou, afin de faciliter la circulation d'énergie dans votre tête.

Gardez la colonne vertébrale droite et ferme, mais pas rigide pour permettre à l'énergie de circuler doucement entre le bas et le haut du corps.

Posez les mains, paumes en l'air, sur les genoux, pouces et index en contact. Ce mudra, ou position de mains, relie les énergies yin et yang des méridiens des poumons et du gros intestin, et symbolise l'union des énergies du ciel et de la terre à l'intérieur du corps. Si vos mains se fatiguent dans cette position, vous pouvez poser les paumes sur les genoux. Cela va détendre le cou et les épaules, et faire circuler l'énergie doucement à travers le corps.

LES TECHNIQUES DE RELAXATION DU QIGONG

L'un des objectifs majeurs du qigong est d'ouvrir et de relâcher le corps. La pratique et l'approfondissement des exercices améliorent notamment la qualité de la respiration, qui devient alors plus profonde, plus lente et plus douce. À un certain niveau de pratique, on parviendra à respirer avec l'abdomen plutôt qu'avec la poitrine, ce qui soulage les tensions à la fois de la poitrine et des épaules.

DÉTENDRE LE COU ET LES ÉPAULES

Le cou et les épaules sont deux zones maltraitées. Leurs muscles se contractent quand on est stressé et sont très sollicités quand on porte un sac lourd ou que l'on s'assied n'importe comment.

Cet exercice est destiné à relâcher les tensions du cou et des épaules et à amener les énergies jusqu'aux pieds. Veillez à rester conscient de votre corps.

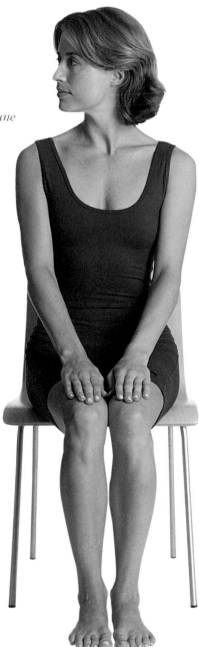

1 *Asseyez-vous au bord d'une chaise, dos droit, pieds joints parallèles et fermement posés sur le sol. Relâchez les épaules et posez délicatement les mains sur les genoux.*

Tournez doucement la tête vers la droite, puis ramenez-la au centre. Tournez-la ensuite vers la gauche avant de la ramener encore au centre. Recommencez dix fois.

En gardant les pieds joints à plat par terre, faites pivoter vos talons d'un côté et de l'autre aussi loin que vous le pouvez. Recommencez dix fois.

2 *En gardant les orteils au sol, levez les talons et tournez-les vers la droite, reposez-les et faites-les glisser, en un mouvement de rotation, vers la gauche, puis relevez-les à nouveau. Continuez cette rotation dix fois, puis recommencez dix fois dans l'autre sens.*

Ensuite, pieds serrés et talons soulevés, bougez doucement la tête vers la droite en même temps que vous tournez les genoux vers la gauche. Étirez ensuite l'autre côté (tête à gauche, genoux à droite). Recommencez dix fois.

EXERCICES RESPIRATOIRES EN POSITION ASSISE

Ces exercices sont destinés à calmer le cerveau et à relâcher les tensions des épaules. C'est excellent lorsqu'on rentre fatigué à la maison et qu'on a besoin de se revitaliser.

Assis sur le bord d'une chaise, placez les pieds au sol, parallèles, écartés de la largeur du bassin. Relâchez les épaules et laissez tomber les bras le long du corps. Pliez les trois derniers doigts de chaque main, en laissant les pouces et les index former un V à l'envers.

Inspirez par le nez, mais imaginez que vous inspirez par le haut de la tête. Expirez doucement par la bouche, mais en vous imaginant que vous expirez par vos doigts et vos pouces. Recommencez pendant quinze minutes, puis secouez les mains jusqu'à vous sentir bien.

EXERCICES RESPIRATOIRES EN POSITION ALLONGÉE

De nombreuses disciplines font appel à la respiration profonde pour réduire le stress et calmer le mental. Cet exercice ne fait pas que relâcher le corps, il amène l'énergie vitale à circuler librement de la tête aux pieds.

Allongé sur le sol, les mains détendues, placées l'une sur l'autre sur le bas de l'abdomen, relâchez les pieds, orteils réunis et talons écartés. Concentrez l'attention sur vos talons et imaginez, à l'inspiration et à l'expiration, que l'air atteint vos talons. Restez dans cette position cinq minutes jusqu'à sentir tout votre corps respirer à partir des pieds.

RENFORCER LES REINS

Cet exercice fortifie les reins, deux des organes les plus importants en médecine chinoise, parce qu'ils contiennent le qi congénital (voir p. 16). De la dimension d'une paume de main, ils se situent de chaque côté de la colonne vertébrale, juste au-dessus de la taille, derrière les côtes inférieures.

Allongé au sol sur le dos, pliez la jambe droite et laissez-la s'ouvrir vers l'extérieur, le pied droit contre le genou gauche. Mettez la main gauche sous votre dos, paume sous le rein gauche. Placez la main droite sur le nombril. Imaginez que votre main gauche réchauffe votre rein gauche et que l'énergie de votre main droite perce votre nombril et pénètre dans le corps jusqu'au rein gauche.

L'AUTOMASSAGE

Aujourd'hui, on prend rarement le temps d'un petit massage personnel, comme l'évoque Après le bain, *peint par Edgar Degas en 1889.*

Le massage est l'une des meilleures façons de se calmer, de relâcher le stress et de se procurer une sensation générale de bien-être. En s'accordant de l'attention, des soins et du temps, on prend en main sa santé et son bonheur. À une époque où un nombre croissant d'individus proclament ne pas aimer leur corps, l'automassage peut aider à s'accepter et à s'aimer comme on est.

De nombreux livres consacrés à l'automassage présentent différentes techniques et pratiques. Cependant, ce n'est qu'à partir de ses propres sensations (données à soi-même et reçues de soi-même) que l'on améliore son bien-être et que l'on parvient à se relaxer complètement. Après tout, personne ne sait mieux que soi-même quelle pression fait du bien et quel point soulage une douleur.

Pour effectuer un véritable automassage, appliquez-vous à mettre en pratique toutes les méthodes de prise de conscience que vous avez appris à utiliser pour autrui (voir p. 77-97). Il faut être conscient de sa respiration, du contact avec le sol, du champ énergétique autour de soi, s'harmoniser avec les sensations de tout son corps, et pas seulement avec les parties sur lesquelles on travaille, et, le plus important, se détendre !

Si l'on a le temps, c'est une bonne idée de préparer un automassage par un bain aromatique, ce qui aide à se détendre complètement, surtout si l'on se baigne à la lumière des bougies, en écoutant de la musique douce. Allongez-vous dans le bain les yeux fermés, respirez les essences et appréciez la chaleur de l'eau autour de vous. Prévoyez une serviette tiède et douce pour vous sécher.

Mélangez des huiles parfumées, préparez des serviettes et des coussins, et trouvez un endroit confortable, tranquille, où il fait chaud. Réduisez la lumière, écoutez de la musique et soit brûlez de l'encens, soit chauffez des huiles essentielles pour parfumer l'air. Faites quelques respirations pour vous détendre.

Asseyez-vous sur une serviette, sur le sol ou sur une chaise, vous servant de coussins comme soutien. Vous devez pouvoir atteindre n'importe quelle partie de votre corps et de votre visage, à l'exception peut-être du milieu du dos, mais ne forcez pas. Écoutez la richesse de vos sensations, la sensibilité unique de chaque partie de vous-même, ce qu'elle vous dit et où elle vous conduit.

Versez une petite quantité d'huile dans vos mains et commencez alors le massage en explorant votre visage avec sensibilité. Continuez à ressentir tout votre corps et détendez votre respiration. Si un massage vous fait du bien, recommencez-le plusieurs fois. Soyez attentif à vos sensations. Massez tout votre corps jusqu'aux orteils. Veillez aux besoins de votre corps. Si vos mains se fatiguent, reposez-vous, ou bien essayez d'utiliser vos coudes, qui peuvent merveilleusement bien glisser sur la peau huilée. Prendre de temps à autre un peu de loisir pour s'occuper de soi peut être une source de bienfaits inestimables.

L'AUTOMASSAGE DES MAINS

Le massage des mains soulage le stress. L'important n'est pas tant le massage que la qualité de conscience que vous lui accordez. Alors, détendez votre respiration, prenez conscience de vos pieds et de leur contact avec le sol, soyez attentif aux sensations de tout votre corps. Relâchez les deux mains sur les cuisses.

1 *Posez les coudes sur les cuisses, massez une main, devant et derrière, poignet compris. Relâchez la main qui masse et faites-lui suivre les contours de la main qui reçoit.*

2 *Tournez une de vos mains, paume vers le haut, et tenez le poignet entre le pouce et les doigts de l'autre main. Massez le poignet et la base de la paume avec le bout du pouce, en soutenant le poignet avec les doigts. Puis massez toute la paume en de petits cercles profonds en soutenant le dos de la main avec les doigts.*

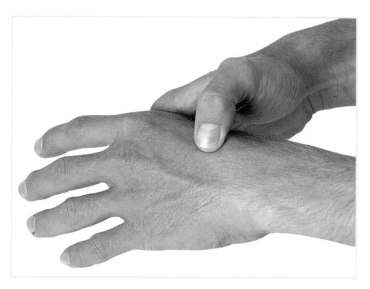

3 *Retournez la main et massez le dos du poignet et de la main. Faites de petits mouvements circulaires entre les os du dos de la main, du poignet jusqu'aux articulations des doigts. Soutenez la paume avec les doigts et gardez épaules et bras relâchés. Massez maintenant chaque doigt et les pouces tour à tour, en suivant le massage shiatsu des doigts (voir p. 37).*

Soulager le stress par la kinésiologie

Dans le monde moderne qui bouge très vite, le stress est le lot de tout un chacun. La kinésiologie offre une technique très rapide, efficace et puissante, pour relâcher le stress et apporter une sensation de relaxation profonde.

Les méridiens les plus affectés par le stress sont ceux qui sont reliés au cerveau et à l'estomac (on connaît bien les crispations de l'estomac quand on est tendu). La kinésiologie s'applique à activer les réflexes qui équilibrent ces deux méridiens. Les nouvelles technologies de l'image utilisées par la recherche médicale pour enregistrer l'activité du cerveau ont révélé l'existence de zones spécifiques connectées aux circuits émotionnels, zones que l'on peut traiter pour diminuer le stress et qui correspondent aux points utilisés en kinésiologie pour relâcher le stress émotionnel. Le stress a un impact sur tout le corps, sur ses émotions et sur son énergie. Quand on cherche à réduire les tensions dans une zone précise, on doit prendre en compte toutes les autres parties de l'organisme.

Diminuer le stress physique : stimuler le système immunitaire

On attribue de plus en plus au stress du système immunitaire des problèmes de santé tels que l'asthme ou les allergies. Un élément clé du mécanisme du système immunitaire est le thymus, qui produit des lymphocytes T permettant au corps de combattre les infections. Le thymus se situe au milieu de la poitrine, derrière le sternum. Il fait partie du système endocrinien et est relié à l'énergie du cœur. Il est affecté par les émotions, se contractant lorsque l'on se sent stressé, et s'élargissant quand on se sent aimé. Sa taille peut changer considérablement en moins de vingt-quatre heures, ce qui explique pourquoi les gens tombent souvent malades après une période de grand stress, tandis que d'autres paraissent radieux et en bonne santé quand ils sont amoureux.

Les tests de kinésiologie permettent d'évaluer l'énergie du thymus. Pour le stimuler, les kinésiologues utilisent également des exercices simples, comme ceux que l'on verrra ci-après, qui ont pour effet d'équilibrer les énergies du corps au moins pendant une courte période. Tout ce que nous pouvons faire pour améliorer la fonction du thymus bénéficie à tout l'organisme.

Posez tous les doigts sur le sternum, en haut de la poitrine. Frappez légèrement sur cette zone à un rythme de valse pendant vingt secondes, et recommencez aussi souvent que vous le souhaitez.

Soulager le stress émotionnel

Quand une personne est en présence d'une situation engendrant du stress, le sang se retire des zones périphériques de son crâne pour se diriger vers les muscles du corps. C'est une réponse primitive, permettant de réagir au danger, que nos ancêtres les plus lointains connaissaient déjà. Mais, de nos jours, le stress exige rarement de telles réponses directement physiques. Il s'agit le plus souvent de réagir de façon contrôlée, en masquant ce que nous ressentons, même si des changements physiques se produisent néanmoins dans notre corps. Les points réflexes de kinésiologie utiles pour soulager le stress se situent au-dessus du milieu des sourcils, là où l'on peut quelquefois sentir de légers battements. Ces deux points semblent énergétiquement reliés aux hémisphères droit et gauche du cerveau (lobes frontaux), et, s'ils sont légèrement activés par de petits tapotements, ils permettent de réapprovisionner ces zones en sang. Les lobes frontaux, où se situent les zones de la pensée consciente, sont également les parties du cerveau les plus actives pendant la méditation. Si on les active quand on se sent émotionnellement stressé, on stimule une partie du cerveau qui sait transformer et rationaliser la charge émotionnelle. En conséquence, bien que le stress originel n'ait pas changé, la manière dont on le perçoit et dont on l'expérimente est différente. C'est pourquoi les gens traités de cette façon disent souvent qu'ils se sentent apaisés.

Fermez les yeux et placez vos doigts sur le front, à mi-distance des sourcils et de la racine des cheveux. Concentrez-vous sur la cause de votre stress, le plus complètement possible, en restant conscient de ce que vous voyez, entendez, ressentez, goûtez et sentez. Recommencez plusieurs fois jusqu'à ce qu'il soit difficile de continuer à y penser. Ouvrez les yeux et prenez conscience de ce que vous ressentez quand vous y pensez maintenant.

LE SOMMEIL

Le sommeil est essentiel pour maintenir l'énergie. Il repose non seulement le corps, mais aussi le mental. Rêver permet de trier les événements de la journée, tandis que le sommeil profond apporte un repos complet au cerveau. Manger correctement, faire régulièrement de l'exercice et apprécier la vie entraîne naturellement un bon sommeil. Les besoins individuels de sommeil varient de cinq à dix heures ;

n'essayez pas de dormir moins que votre corps ne le réclame (s'assoupir souvent pendant la journée peut révéler une quantité de sommeil insuffisante). Prendre le temps de se détendre et de méditer chaque jour diminue souvent les besoins de sommeil. Veillez à réduire vos activités vers l'heure du coucher, évitez les exercices énergiques, les discussions, les stimulants et les dîners lourds et tardifs.

L'ACUPRESSION

L'acupression (voir p. 104-105) est une méthode très utile pour soulager les insomnies et favoriser un bon sommeil. L'un des points les plus puissants est le septième point du méridien du cœur, situé sur le poignet. Il calme le mental et favorise la relaxation. L'acupression au point 17 du vaisseau gouverneur, situé au milieu du sternum dans l'alignement des seins, peut aussi être salutaire. Elle ouvre la poitrine et améliore la respiration.

Si vous souffrez d'insomnie, appuyez sur l'un de ces points une heure avant d'aller au lit et juste avant de vous coucher. Pour un meilleur résultat, pratiquez aussi un exercice respiratoire comme ceux indiqués page 132. Entraînez-vous à dormir selon un schéma régulier en répétant la technique d'acupression tous les jours pendant quatre à six semaines et, plus tard, servez-vous-en quand vous aurez du mal à trouver le sommeil.

Le septième point du méridien du cœur se situe à l'intérieur du poignet, dans l'axe de l'auriculaire. Soutenez le poignet et pressez avec le pouce dirigé vers l'auriculaire. Appuyez et relâchez pendant soixante secondes. Recommencez sur l'autre poignet.

LA POSITION DE SOMMEIL

La position que l'on prend pour dormir affecte la qualité du sommeil. Assurez-vous que l'énergie de votre chambre est harmonieuse (voir p. 149) et qu'il n'y a pas d'appareils électriques près de vous. Pour conserver l'énergie, adoptez cette position recommandée par Zhixing Wang.

Allongez-vous de préférence sur le côté droit, la jambe droite tendue et la gauche fléchie. Mettez le pied gauche derrière le genou droit, la main gauche sur la hanche gauche et la main droite près de la tête. Le genou gauche est posé sur le lit et l'épaule gauche s'ouvre légèrement vers le dos.

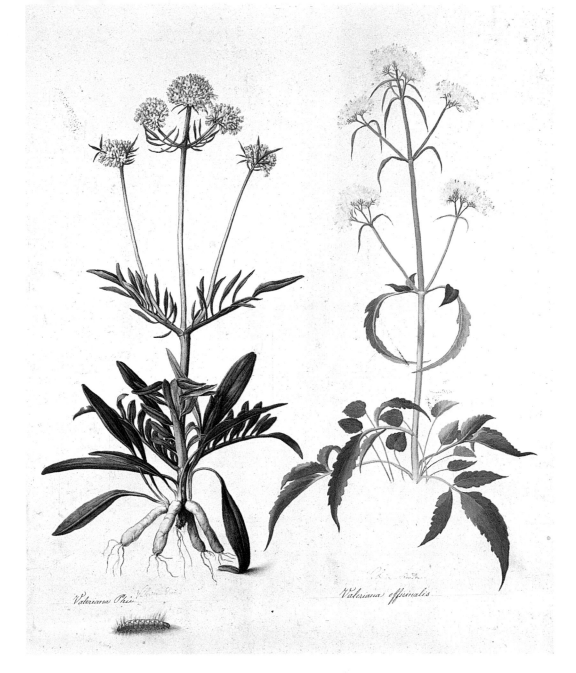

Valeriana Ptei   *Valeriana officinalis*

La valériane est de longue date réputée pour apaiser les nerfs et lutter contre l'agitation et l'insomnie.

Les remèdes à base de plantes

La valériane est connue depuis des siècles pour favoriser relaxation et sommeil. Faites infuser environ 30 grammes de feuilles séchées dans 600 millilitres d'eau bouillante pendant quelques minutes, filtrez et buvez avant de vous coucher. La camomille et la fleur de la Passion sont d'autres plantes relaxantes. On peut les trouver sous forme de pilules ou de teintures liquides. En complément, le kawa kawa, racine d'une plante polynésienne, est très efficace. Mais, pour qu'il fasse effet, il faut en prendre régulièrement au coucher pendant six semaines.

On peut aussi, grâce à ces plantes, aromatiser de merveilleux bains relaxants préparant au sommeil. Pour cela, plongez simplement les feuilles de n'importe quelle plante mentionnée ci-dessus dans une théière d'eau bouillante. Laissez infuser dix minutes, filtrez et ajoutez à l'eau du bain. Ou bien placez les feuilles séchées et les fleurs dans un sachet en mousseline et suspendez-le au robinet de la baignoire. Veillez à ce que l'eau ne soit pas trop chaude et ne restez pas plus de vingt minutes dans le bain. Allez ensuite directement vous coucher.

L'oreiller traditionnel de houblon est un remède efficace, le houblon ayant un effet légèrement soporifique. Cependant, il faut rester vigilant par crainte des allergies. Verser une goutte d'huile aromathérapique sur son oreiller ou se servir d'un diffuseur peut avoir un effet sédatif et relaxant. Les meilleures huiles sont la lavande et le vétiver, mais la camomille et la rose sont aussi bienfaisantes. On peut encore, dans le bain, se masser avec des huiles (diluer 5 gouttes dans un excipient comme de l'huile d'amandes douces). Jeter de 5 à 10 gouttes dans un bain tiède favorise la circulation sanguine.

LES PRINCIPES DU FENG SHUI

 Le *feng shui,* art d'accorder sa vie aux forces de l'univers, est pratiqué par les Chinois depuis des millénaires pour obtenir une meilleure santé et la prospérité. Depuis toujours, les humains ont parcouru les forêts, les collines et les plaines pour trouver les lieux les plus propices à leur habitat. Ils étudiaient le soleil, les ombres, les directions, et une fois qu'ils avaient sélectionné un site, ils choisissaient, à l'aide d'un rituel de divination, une date propice pour commencer les travaux.

Les premiers écrits qui font allusion au feng shui insistent surtout sur la recherche d'un site approprié pour les enterrements. Bien que cet aspect soit moins pertinent aujourd'hui, les principes établis dans ces ouvrages sont toujours valables. Ainsi, le maître Guo Pu affirme qu'« enterrer, c'est tirer avantage de *sheng qi* (l'énergie vivante). Le qi se déplace quand il rencontre *feng* (le vent) et se rassemble quand il rencontre *shui* (l'eau). Les anciens essayaient de le garder sans le faire stagner, de le faire circuler sans le dissiper. C'est pourquoi on appelle cet art feng shui ». Les pratiquants et les érudits tiennent ces paroles pour la définition authentique du concept de feng shui.

Feng signifiant vent et *shui,* eau, la circulation de vent (ou d'air) et d'eau symbolise les éléments naturels. L'énergie ou le champ du qi est le point central de la pratique du feng shui. Autrefois, feng shui faisait aussi référence à l'« habileté de l'oiseau noir »; « oiseaux noirs » étant le nom donné, à la cour de l'empereur, aux officiers chargés de géomancie et d'astrologie. Ce titre serait lié à une légende : en des temps immémoriaux, les anciens observèrent que le vol d'un oiseau noir le long d'une rivière signalait la ligne de moindre résistance, lieu le plus favorable pour construire des maisons.

Le feng shui est l'art d'équilibrer les éléments de l'environnement pour créer un champ énergétique harmonieux. Le vent en est l'aspect yang, mouvant, fort et ferme, correspondant, dans un paysage, aux montagnes qui doivent soutenir une construction ou lui servir d'arrière-plan. L'eau en est l'aspect yin, plus statique et plus doux, représenté dans

Il est possible d'analyser les paysages, comme cette peinture chinoise de Ma Yuan, Saules et montages au lointain, *selon les principes du feng shui et en termes d'énergie yin et yang.*

un paysage par les rivières et les lacs, qui doivent se situer en face, mais pas trop près, des constructions. Équilibrer les aspects yin et yang crée un champ énergétique harmonieux pour travailler ou vivre. C'est pourquoi le qi est déterminant pour savoir si un lieu a un bon feng shui ou non.

DEUX ÉCOLES

Il existe deux principales écoles de feng shui. La première s'intéresse à la formation physique et à la structure d'une construction. La seconde se sert d'un compas géomagnétique sophistiqué, le *luo pan*. Il est constitué de deux plateaux représentant l'un le ciel et l'autre la terre, avec au milieu une aiguille dirigée vers le nord magnétique. On aligne des cercles concentriques d'une certaine façon, et on lit les réponses.

Si le luo pan est l'instrument utilisé par les adeptes de la seconde école, les secrets de son fonctionnement se trouvent consignés dans l'ancien *Livre des mutations* chinois et reposent sur la compréhension des théories du yin-yang et des cinq éléments. Ces deux systèmes se sont développés il y a deux mille à trois mille ans et ont continué à guider la pensée traditionnelle chinoise jusqu'à nos jours. Il est devenu récemment difficile de différencier les deux écoles de feng shui, parce que de nombreux adeptes ont essayé de combiner le savoir et les méthodes des deux traditions.

On se sert du luo pan pour localiser le pôle nord magnétique. Une fois le compas aligné, un maître peut y lire des informations sur l'énergie du site autant que des lignes planétaires et des données du calendrier.

LES ESPRITS ANIMAUX

Les Chinois anciens croyaient que le paysage était habité par des esprits, en particulier ceux d'animaux connus ou imaginaires. Une série de montagnes d'une forte énergie s'appelait donc *long mai* (la ligne du dragon). De même, une rivière du nom de *shui long* (dragon d'eau) indiquait le respect que l'on avait pour l'eau, élément naturel. Le site idéal pour une construction – une ville, un village, un palais, un château ou une tombe – était censé se trouver en un lieu où montagnes et rivières s'équilibrent. Cela voulait dire que la ligne du dragon devait se trouver derrière la construction, avec un lac ou une rivière à quelque distance de la façade et des collines protectrices de chaque côté de l'édifice.

Un autre modèle feng shui identifie à un animal chacune des quatre directions autour d'un site : à l'arrière, la tortue noire apporte sécurité et stabilité ; à l'avant, le phénix rouge représente une vision ouverte et la confrontation des informations ; le dragon vert à gauche et le tigre blanc à droite signifient l'intimité et la protection. Ces créatures sont connues pour représenter ensemble les quatre esprits, reliés aux quatre saisons et aux quatre points cardinaux.

Les esprits animaux se relient aussi aux éléments par les couleurs qu'ils représentent. Dans ce cas apparaît un cinquième esprit animal compris dans le modèle et placé au centre du site. Le serpent jaune, protégé par les quatre autres esprits, représente le site feng shui idéal.

En Chine, le dragon représente la puissance primitive. On dit que le pays est traversé de passages d'énergie, les «lignes du dragon», et que les montagnes et les rivières ont des esprits vivants.

FENG SHUI PRIVÉ ET PROFESSIONNEL

Dans le passé, le feng shui se divisait en deux catégories. La première s'occupait des *yin zhai,* ou tombes, et l'autre des *yang zhai,* ou habitations. Aujourd'hui, la recherche des lieux propices aux inhumations est de peu d'utilité, mais on peut encore diviser le feng shui en deux catégories, résidentielle (yin) et professionnelle (yang).

Pour l'implantation d'une résidence, on recherche surtout un lieu adéquat pour une vie de famille harmonieuse, éloigné de toute nuisance, calme, intime, et satisfaisant à toutes les exigences. Les aménagements intérieurs de chaque pièce devront aussi être particulièrement réfléchis.

Si l'on envisage la création d'un local professionnel, ce sera dans un environnement plus actif. Ici, l'aspect ouvert du site et la proximité d'autres lieux de travail importent pour conjuguer les aspirations sociales et professionnelles.

Établir sa maison à proximité d'un carrefour n'est pas un bon choix du point de vue du feng shui. En revanche, pour une boutique ou un café, cela pourrait être idéal. Si, à la maison, on dispose sa table de travail face au jardin ou sous une fenêtre, la porte étant derrière soi, cela peut être très agréable. Si l'on fait la même chose au bureau et que l'on tourne le dos aux collègues ou aux clients, c'est tout à fait inapproprié.

Personnes privées et hommes d'affaires font de plus en plus souvent appel à des experts en feng shui afin d'harmoniser l'énergie de leur bâtiment. Ces spécialistes peuvent conseiller d'aménager l'architecture et le mobilier, d'ajouter des plantes et des miroirs, de peindre certaines pièces en une couleur particulière. L'énergie étant subtile, le feng shui agit sur une échelle mobile. Peu de bâtiments sont en harmonie complète avec leur environnement. Dans la plupart des maisons et des bureaux occidentaux, on peut cependant améliorer l'énergie des lieux à faible coût ou même sans frais (le simple fait de déplacer une corbeille à papiers, par exemple, peut faire la différence).

Bien que le concept et la pratique du feng shui soient profondément enracinés dans la tradition ésotérique chinoise, sa véritable valeur dépasse les barrières culturelles. L'intérêt pour l'environnement, qui s'est considérablement accru en Occident depuis deux décennies, a amené les gens à réfléchir aux effets que leur environnement immédiat, maison et lieu de travail, pouvait avoir sur leur vie.

Les quartiers généraux de la Banque de Hong Kong & Shanghai, sur l'île de Hong Kong, ont été achevés en 1985. Pendant la construction de cet immeuble ultramoderne, les architectes occidentaux (Foster Associates) ont consulté un maître feng shui pour s'assurer que l'extérieur serait en harmonie avec le paysage urbain et que l'intérieur offrirait un espace de travail favorable.

À LA MAISON ET AU BUREAU

L'une des applications les plus importantes de l'art du feng shui dans une maison est de déterminer la place du lit. Il en est de même sur le lieu de travail, avec le bureau et le siège. Un lit bien situé favorisera la santé et de bonnes relations familiales, et un bureau bien placé apportera chance et succès.

En bref, il ne faut pas exposer un lit aux courants d'air entre la porte et la fenêtre, ni le placer trop près de la fenêtre ou de la porte, de façon à créer une atmosphère de sécurité et de confort. Du lit, vous devez pouvoir voir un membre de la maisonnée entrer dans la chambre et ne pas être facilement vu de la porte par vos proches qui passent dans le couloir.

De même, sur votre lieu de travail, votre bureau doit être placé de telle sorte que vous ayez le dos au mur ou à la fenêtre, et que vous fassiez si possible face à la porte.

Si vous désirer acheter ou faire construire une maison, vous devez d'abord déterminer si vous souhaitez vivre en ville ou à la campagne, puis comment vous orienterez la maison en tenant compte de l'environnement. Quand vous aurez trouvé une propriété, assurez-vous qu'elle convient à tous les membres de la famille. Vérifiez la structure, définissez l'usage de chaque pièce et redistribuez-les si elles ne conviennent pas aux principes du feng shui. Enfin, fixez la date pour commencer la construction ou pour emménager.

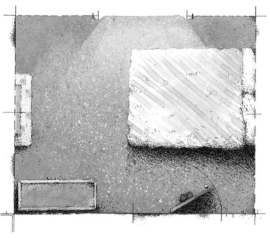

Dans la pièce représentée à gauche, le lit n'est pas bien placé. Il se trouve dans le courant d'énergie entre la fenêtre et la porte. Les habitants de la maison qui passent pourraient voir le lit si la porte était entrouverte. La position du lit dans la chambre dessinée à droite est bien meilleure, car elle offre plus d'intimité et de sécurité.

La position du bureau sur l'image de gauche signifie que celui qui travaille là tourne le dos à ceux qui entrent dans la pièce, ce qui est grossier à leur égard et le rend vulnérable. La disposition du bureau à droite est bien meilleure parce qu'on voit entrer les visiteurs.

ÉNERGÉTISER SON ENVIRONNEMENT

L'environnement de notre foyer reflète et affecte l'état de notre énergie. On peut faire un certain nombre de choses pour améliorer l'harmonie et la circulation d'énergie chez soi sans grosses dépenses. Essayons d'éviter l'accumulation, qui encombre le mental. Débarrasser les armoires et les tiroirs des vêtements inutiles et du bric-à-brac peut nous alléger physiquement et émotionnellement, et créer de l'espace pour une nouvelle énergie.

La couleur et la lumière ne nous touchent pas seulement par les yeux ; elles vibrent comme les sons à des fréquences particulières, influençant subtilement notre bien-être physique et énergétique. Dans la maison, certaines couleurs sont favorables à certaines activités. Le rose suscite le calme, la paix du mental et les qualités de cœur, et est bien adapté aux chambres à coucher. Le bleu aussi est apaisant, bien qu'un peu moins heureux pour les chambres. Le jaune stimule les activités intellectuelles. Le vert est reposant et curatif, bon pour les salles à manger et pièces de séjour. Le rouge conduit à une augmentation de l'agressivité, et doit donc être utilisé avec modération. Les couleurs vives plaisent souvent aux enfants, mais il faut les réserver aux jouets et aux vêtements ; elles peuvent être trop stimulantes pour les murs et le mobilier.

La couleur des vêtements que l'on porte et de la nourriture que l'on mange peut aussi affecter l'humeur et la personnalité. Les gens qui se mettent facilement en colère peuvent trouver de l'apaisement en évitant les vêtements rouges et la viande rouge, salutaires au contraire pour quelqu'un d'un peu dépressif.

La musique est une autre façon de changer l'humeur d'une personne. Certaines formes sont énergétisantes, alors que d'autres apportent le calme.

La fonction d'un brûle-parfum est de chauffer doucement une huile essentielle pour la faire évaporer. Les molécules libérées dans l'air pénètrent ensuite dans le corps par les poumons.

La qualité et la quantité de lumière ont aussi leur importance. Évitez les lumières fluorescentes, parce qu'elles peuvent provoquer des maux de tête. Pour lire, coudre ou étudier, achetez des ampoules à large spectre qui ont la même qualité que la lumière du jour.

De plus en plus de maladies liées à la pollution se développent, comme l'asthme et les allergies alimentaires. Elles ont un lien direct avec le nombre croissant de voitures et de gaz d'échappement. Même à l'intérieur des maisons, il y a des risques de pollution, particulièrement dans les zones très urbanisées. Filtres à air et ionisateurs peuvent atténuer les nuisances, en compensant aussi les effets de la pollution électromagnétique. Comme nous sommes nous-mêmes des êtres électromagnétiques, nous pouvons être affectés par les radiations de l'environnement, pas seulement par les pylônes électriques, qui endommagent sérieusement la santé, mais aussi par les ordinateurs, téléphones mobiles, postes de télévision et autres appareils électroniques. Les fours à micro-ondes ne nous affectent probablement pas, mais semblent détruire la vitalité des aliments et ne doivent être utilisés qu'en dépannage. Il vaut mieux aussi éviter les couvertures électriques, car elles créent de grands champs magnétiques.

Les plantes d'intérieur aident à garder une atmosphère propre et pleine de vitalité ; placer des plantes derrière un ordinateur absorbera les radiations. Achetez un écran particulier, qui élimine les transmissions électromagnétiques. Si, à son travail, on se sert beaucoup d'un ordinateur, marcher fréquemment sous les arbres aidera à retrouver son équilibre énergétique. Il est sain aussi de porter des vêtements en fibres naturelles et de les laver tous les jours.

Les huiles essentielles, une façon agréable de maintenir l'atmosphère fraîche, sont salutaires pour l'humeur. Versez

LES CRISTAUX ET LEURS VERTUS

Les personnes conscientes de l'énergie se tournent de plus en plus vers les cristaux pour guérir à la fois leurs systèmes vitaux et les atmosphères. On pense que les cristaux stimulent et concentrent l'énergie de guérison et ont eux-mêmes des propriétés thérapeutiques. On peut aussi s'en servir pour garder une atmosphère propre, guérir à distance, énergétiser les plantes, etc.

Il y en a des milliers, mais ceux que l'on utilise le plus souvent sont le quartz (roche cristalline), le quartz rose et l'améthyste. On peut recourir au quartz pour guérir en général et pour se protéger ; le quartz rose favorise l'amour des autres et de soi ; l'améthyste a des propriétés spirituelles, gardez-en près de vous quand vous méditez.

Quand vous achetez un cristal, faites votre choix intuitivement. Apaisez votre mental et ouvrez-vous à l'énergie des cristaux. Celui qui capte votre regard sera celui qui vous fera du bien. Avant de vous en servir, nettoyez-le sous l'eau courante ou laissez-le tremper dans un bol d'eau salée toute une nuit. Ne l'essuyez pas, laissez-le sécher au soleil. Vous pouvez simplement placer le cristal dans la maison ou l'utiliser pour un usage particulier. Tenez le cristal quand vous méditez. Puis mettez-le là où il est utile, près de votre ordinateur ou à côté de votre lit. Les cristaux absorbant les vibrations négatives, pensez à les nettoyer et à les réénergétiser.

Les cristaux d'améthyste ont des qualités spirituelles. On les utilise donc souvent pour méditer.

dans un brûle-parfum de la bergamote, de la camomille, de la sauge, de la lavande, de la rose, du romarin, du santal ou du ylang-ylang ; remplissez le dessus du brûle-parfum avec de l'eau à laquelle vous ajoutez trois ou quatre gouttes d'une huile essentielle de votre choix ; allumez ensuite une bougie dessous pour parfumer la pièce. On peut aussi diffuser des huiles essentielles en déposant quelques gouttes sur la mèche d'une bougie juste avant de l'allumer, dans une tasse d'eau près d'un radiateur, dans un bain chaud, sur une ampoule électrique avant de l'allumer, dans un atomiseur d'eau à vaporiser dans une pièce ou sur du bois à brûler dans une cheminée. Pour changer, on peut dissoudre les huiles essentielles dans une autre huile qui sert d'excipient et faire un massage aromathérapeutique à un ami (voir p. 88-91) ou à soi-même.

On peut se servir d'une seule huile à la fois ou en combiner deux ou trois de façon complémentaire. La bergamote rafraîchit et éloigne les insectes. La camomille relaxe et apaise, alors que la sauge combat la dépression et la tension. La lavande, bonne pour tout, émet un arôme fort agréable. La rose donne une impression de bien-être. Le romarin a de nombreux effets médicinaux : il combat les maladies infectieuses et les rhumes, stimule la mémoire et la concentration. Le santal et le ylang-ylang ont un effet doux et calmant, ce sont aussi des aphrodisiaques.

Un pot-pourri est un mélange de pétales de fleurs séchés et de graines parfumées par quelques gouttes d'huiles essentielles.

CONCLUSION

L'énergie de votre corps est une force puissante mais subtile, essentielle à votre bien-être physique et spirituel. Prendre soin de son énergie, c'est comme respirer : on le fait constamment, régulièrement et sans y penser. Cependant, si vous apprenez à mieux alimenter cette énergie, vous en améliorerez la qualité et la quantité, en même temps que vous augmenterez votre vitalité.

Ce livre a été conçu pour vous aider à prendre conscience de votre énergie. Si vous pratiquez régulièrement quelques-uns des exercices proposés, vous verrez votre bien-être physique, mental et émotionnel s'améliorer très nettement. Vous vous sentirez mieux à même de gérer les besoins physiques de votre corps. Il se peut que vous ressentiez soudain l'envie de danser ou de sautiller, que votre corps vous paraisse plus léger, comme libéré de ses stress. Vous vous sentirez également mieux concentré au travail, et réellement « déconnecté » pendant vos loisirs. Sans doute dormirez-vous plus profondément, d'un sommeil frais et revitalisant. En prenant conscience de votre énergie vitale, vous ressentirez sa circulation dans votre corps et vous serez capable d'offrir à ceux qui vous entourent une énergie positive, jaillie de la terre et dirigée vers eux grâce à votre meilleur enracinement et à votre équilibre.

Toute matière est faite d'énergie. Celle-ci pénètre chaque niveau de notre existence, unifie le cosmos et unit chacun des atomes de notre corps. L'énergie du système solaire guide les planètes dans une danse complexe et mouvante, contrôlant leur position et leur mouvement orbital par des cycles compliqués d'attraction et de répulsion. Le soleil offre son énergie à toutes les formes vivantes sur la terre. La lune aussi possède une force puissante, influençant à la fois les marées et les cycles menstruels des femmes.

Si vous persévérez dans votre pratique, peut-être deviendrez-vous de plus en plus conscient du lien entre votre propre énergie et celle de l'univers. Il existe en effet un lien subtil, un lien énergétique qui rassemble toutes les choses vivantes sur notre planète. Le battement des ailes d'un papillon crée un tourbillon énergétique sensible sur toute la terre. Nous appartenons à cet équilibre délicat, source de vie, où nous pouvons puiser notre énergie. Essayez de vous ressourcer dans des sites riches en énergie, comme les lieux historiques, près des cascades en montagne, devant l'immensité de la mer, en haute montagne, en forêt ou simplement au soleil dans un parc ou dans votre jardin.

Ce livre est une introduction à l'énergie de votre corps et aux différentes manières de la développer. Si vous voulez progresser, je vous conseille de trouver un professeur qui puisse vous inspirer ou un thérapeute pour vous guider.

L'idée que toutes les choses sont reliées entre elles, que la même énergie fortifie tout,
a généré de nombreuses descriptions de l'homme universel. Ce tanka tibétain montre
les correspondances entre l'être humain et le cosmos.

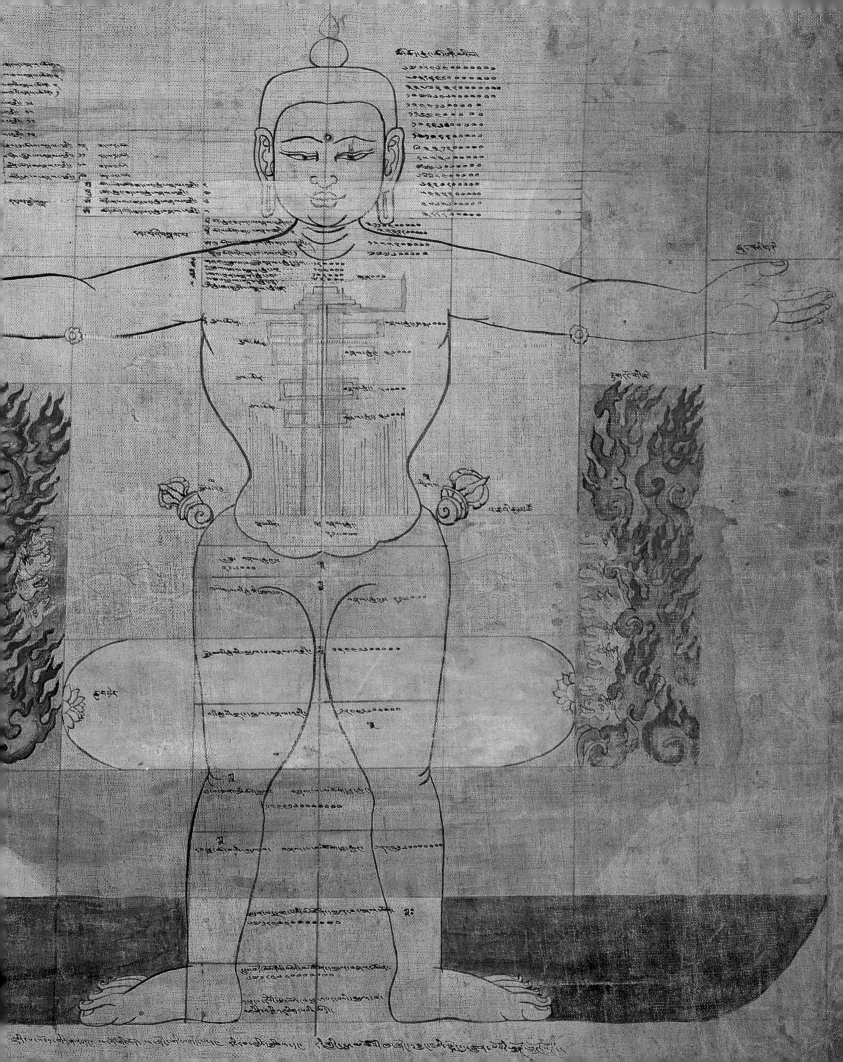

AUTEURS

Carola Beresford-Cooke (massage et aromathérapie)
Membre fondateur de la Shiatsu Society, Carola Beresford-Cooke pratique le shiatsu depuis 1978. Elle a présenté un programme en six parties pour Thames Television afin d'accompagner son best-seller *Massage for Healing and Relaxation,* et a écrit plusieurs autres livres (dont certains en collaboration), notamment *The Book of Massage* et *Acupressure.* Elle enseigne à l'Institut de médecine traditionnelle par les plantes et d'aromathérapie. Principale fondatrice du Collège de shiatsu, créé en 1986, elle est aussi qualifiée en acupuncture, acupression et médecine par les plantes.

Anthea Courtenay (guérison holistique, posture et mouvement, relaxation, sommeil)
Journaliste indépendante, écrivain spécialisée en médecine parallèle, en psychologie et en guérison, Anthea Courtenay a écrit *Natural Sleep, Healing Now, Chiropractic, Your Spine and Your Health, Thorsons Principles of Kinesiology* (avec Maggie la Tourelle). Elle a aussi publié des articles dans *The Guardian, Time out, Good housekeeping, The Journal of Alternative Health and Complementary Medicine, Here's Health* et *The Complete Family Guide to Alternative Medicine.*

Om Prakash Dewan (yoga)
Né et élevé en Inde, Om Prakash Dewan enseigne le yoga à Londres depuis 1980. Il est spécialisé en hatha-yoga, raja yoga, pranayama, méditation sur les chakras et gestion du stress, et dispense de nombreuses formations dans les universités britanniques et à l'Institut culturel indien de Londres. Diplômé du British Wheel of Yoga et de l'école internationale Sivananda Yoga Vedanta, il est aussi spécialisé en un grand nombre de sujets associés aux médecines parallèles, comme le massage, la guérison par les couleurs, la réflexologie, le conseil, etc.

Dr Shanta Godagama (médecine ayurvédique)
Le Dr Shanta Godagama est l'un des plus grands praticiens en médecine ayurvédique. Il a étudié à la fois l'ayurveda et la médecine conventionnelle à l'université de Colombo, au Sri Lanka, et s'est spécialisé en acupuncture et en homéopathie. Il travaille en Grande-Bretagne depuis 1979 et est depuis peu consultant à la prestigieuse clinique de Hale. Président fondateur de l'Association britannique d'ayurveda, il participe aux conférences internationales de médecine parallèle et a été décoré en 1978 du Dag Hanmarsk Jold pour la médecine parallèle.

Emma Mitchell (réflexologie, introduction et conclusion)
Aromathérapeute et réflexologue, Emma Mitchell a récemment ouvert sa clinique près de Winchester, en Angleterre. Elle a étudié la kinésiologie, la théorie de la polarité, la nutrition, l'homéopathie, le massage et l'iridologie au centre Raworth, à Dorking, dans le Surrey. Elle a commencé à s'intéresser à la santé et aux médecines parallèles pendant ses années de combat contre la maladie d'Hodgkin, un cancer du système immunitaire. Durant sa maladie, elle reçut des soins conventionnels (chimiothérapie et radiothérapie), mais prit surtout conscience des bienfaits de la méditation et des méthodes parallèles de traitement. Aujourd'hui, elle est mariée et a deux jeunes enfants.

Karen Smith (danse)
Ancienne artiste du Royal Ballet, Karen Smith commença à s'intéresser aux médecines parallèles à la suite d'un accident qui mit fin à sa carrière de danseuse. Elle eut l'occasion de ressentir sur elle-même les bienfaits de l'acupuncture, de l'aromathérapie, de l'ostéopathie et de la réflexologie et, par la suite, entreprit pendant trois ans d'étudier la médecine parallèle, l'anatomie et la physiologie. Elle est désormais réflexologue, masseuse et aromathérapeute et dirige avec succès une clinique à Londres.

Maggie la Tourelle (kinésiologie)
Thérapeute holistique, professeur et écrivain, Maggie la Tourelle enseigne la kinésiologie depuis 1984 et dirige régulièrement des séminaires de formation professionnelle en kinésiologie et en communication. Elle est spécialiste d'autres disciplines de guérison, comme la programmation neuro-linguistique, la guérison et la psychomotricité.

Zhixing Wang (qigong)
Un des plus grands spécialistes du qigong en Occident, Zhixing Wang s'est formé auprès du médecin chinois et maître daoïste Jiang Chang Qing et auprès de deux autres maîtres du qigong, Zhang Hong Bao et Yan Xin. Il dirige le Chinese Heritage Ltd, organisation internationale proposant ateliers et retraites de qigong, et enseigne son style personnel de qigong, appelé Hua Gong, en Europe et aux États-Unis. Il est consultant à la clinique Hale, à Londres, et écrit des articles pour de nombreux magazines de santé.

Jacqueline Young (concepts d'énergie chinoise, japonaise et tibétaine, tai-chi, acupuncture et acupression, alimentation et nutrition ayurvédiques, médecine orientale à base de plantes)
Praticien et écrivain spécialiste en médecine parallèle, Jacqueline Young est membre du British Acupuncture Council et du Guild of Health Writers. Elle est diplômée en psychologie, médecine orientale et acupuncture (Tokyo et Pékin), et a déjà publié *Vital Energy, Self-Massage, Acupressure for Health* et *The Complete Family Guide to Alternative Medicine* (en collaboration). Jacqueline Young pratique les arts martiaux depuis longtemps et enseigne le yoga.

ÉLÉMENTS DE BIBLIOGRAPHIE

Ouvrages généraux
Fabrocini V., *Comment se soigner avec la médecine alternative*, Éditions De Vecchi.

Homéopathie
Lockie A., Geddes N., *Homéopathie, principes et traitements*, Éditions du Reader's Digest.

Phytothérapie
Les Écrits originaux du Dᵣ Bach, Éditions Le Courrier du Livre.

Mulot M.A., *Secrets d'une herboriste - 250 plantes médicinales*, Éditions du Dauphin.

Reid D., *la Médecine chinoise par les herbes*, Éditions Olizane.

Ody Mnimh P., *les Plantes médicinales*, Éditions du Reader's Digest.

Clevely A. et Richmond K., *Plantes et herbes aromatiques*, Éditions Larousse.

Aromathérapie
Maxwell C., *le Bien-Être par les huiles essentielles*, Éditions Hachette.

Qigong et tai-chi
Requena Y., *À la découverte du qigong*, Éditions Guy Trédaniel.

Yang J.M., *les Racines du chi kung chinois*, Éditions Budostore.

Despeux C., *Taiji Quan art martial, pratique de longue vie*, Éditions Guy Trédaniel.

Da-Liu, *Tai-chi chuan et Yi-King*, Éditions Chiron.

Tang R. et Faivre G., *Exercices de santé pour les gens pressés*, Éditions de la Librairie You-Feng.

Acupuncture
Gaurier T., *Acupuncture traditionnelle*, Éditions Encre.

Laurent V., *Précis d'acupuncture traditionnelle*, Éditions Guy Trédaniel.

Massage
Chen You-wa, *Pratique du massage chinois - connaître ses propres points d'acupuncture*, Éditions Robert Lafont, collection «Réponses/Santé».

Lidell L., *le Massage - le guide complet, étape par étape, des techniques occidentales et orientales*, Éditions Robert Laffont.

Dalet R., *Acupressure - Supprimez vous-même vos douleurs par simple pression d'un doigt*, Éditions de l'Homme.

Shiatsu
Lundberg P., *le Livre du Shiatsu - Vitalité et santé à travers l'art du toucher*, Édition Le Courrier du Livre.

Pratiques énergétiques globales
Chuen Lam Kam, *la Voie de l'énergie*, Édition Le Courrier du Livre.

Edde G., *la Médecine du Tao*, Éditions Budostore, collection «Budothèque».

Yoga
Leroy L., *Yoga, Parfaite Santé et Éveil intérieur*, Éditions Guy Trédaniel.

Méditation
Edde G., *Méditation et Santé selon les traditions et les médecines chinoises*, Éditions Albin Michel, collection «Spiritualités vivantes».

Guérison
Gimbel T., *Couleurs et lumières*, Édition Le Courrier du Livre.

Kinésiologie
Thie J., *Manuel pratique de kinésiologie*, Éditions du Souffle d'Or.

ADRESSES UTILES

Associations faîtières suisses
Schweizerische Aerztegesellschaft
für Erfahrungsmedizin (SAGEM)
Seestr. 155A
8802 Kilchberg ZH

Schweizerischer Verband für
Natürliches Heilen (SVNH)
Tulpenweg 5a
Case postale
3000 Berne 4

Acupuncture
Ordre des acupuncteurs du Québec
1600, bd Henri-Bourassa Ouest
Bureau 500
Montréal, Qué. H3M 3E2

Association française d'acupuncture
3, rue de l'Arrivée
75015 Paris

Conseil supérieur de l'acupuncture
traditionnelle
20, bd Montparnasse
75015 Paris

École franco-chinoise d'acupuncture
6, rue d'Alençon
75015 Paris

École française d'acupuncture
2, rue du Général-de-Larminat
75015 Paris

Schweizerische Aerztegesellschaft
für Aurikulomedizin und
Akupunktur
Kennerwiesstr. 2
8575 Bürglen

Chiropractie
Ordre professionnel des
chiropracticiens du Québec
7950, bd Métropolitain Est
Ville d'Anjou, Qué. H1K 1A1

Association nationale française
de chiropractie
44, rue Duhesme
75018 Paris

Homéopathie
Syndicat professionnel des
homéopathes du Québec

1222, rue Mackay
Montréal, Qué. H3G 2H4

Centre d'étude et de documentation
en homéopathie
68, bd Malesherbes
75008 Paris

Homöopathie Verband Schweiz
(HVS)
SHI Haus der Homöopathie
Steinhauserstr. 51
6300 Zoug

Kinésiologie
Fédération française de kinésiologie
33, rue Gabriel-Fauré
78990 Élancourt

Association professionnelle suisse
romande de kinésiologie (APSRK)
Case postale
1224 Chêne-Bougeries

**Massages et pratiques
énergétiques**
Fédération québécoise des masseurs
et massothérapeutes
1265, av. du Mont-Royal Est, # 204
Montréal, Qué. H2J 1Y4

Groupe de recherche sur les arts
martiaux, les massages et
l'énergétique
22, rue Mouffetard
75005 Paris

Verband Dipl. Masseure der
Schweiz (VDMS)
Schachenallee 29
5000 Aarau

Médecine ayurvédique
Association ayurvédique du Canada
1, Gloucester Street, # 102
Toronto, Ont. M4Y 1L8

Association Promotion de la
médecine et du massage
ayurvédiques
24, av. Jean-Moulin
75016 Paris

Médecine complémentaire
Union schweizerischer

komplementärmedizinischer
Aerzteorganisationen
Schachenstr. 21
4702 Oensingen

Naturopathie
Association nationale des
naturothérapeutes
1167, rue Saint-Marc
Montréal, Qué. H3H 2E4

Ostéopathie
Collège d'études ostéopathiques de
Montréal
5637, av. Stirling
Montréal, Qué. H3T 1R7

Société française d'ostéopathie
99, bd Auguste-Blanqui
75013 Paris

Phytothérapie et aromathérapie
Association québécoise des
phytothérapeutes
3805, rue Bélair
Montréal, Qué. H2A 2C1

Fédération canadienne des
aromathérapeutes (CFA)
868, Markham Rd, # 109
Scarborough, Ont. M1H 2Y2

Société française de phytothérapie
et d'aromathérapie
19, bd Beauséjour
75016 Paris

Vereinigung für Aromatologie und
Aromatherapie
Eugen Wylerstr. 5
8302 Kloten

Schweizerische Medizinische
Gesellschaft für Phytotherapie
Keltenstr. 40
8044 Zurich

Shiatsu
Fédération française de shiatsu et
disciplines associées
15, rue Esquirol
75013 Paris

Fédération française de shiatsu
traditionnel

48, rue Jean-Pierre-Timbaud
75011 Paris

Fédération française de shiatsu
traditionnel médical
3, rue Bargue
75015 Paris

Association suisse Iokai Shiatsu
av. de Gennecy 10
1237 Avully

Tai-chi et qigong
Fédération française de tai-chi chuan
59, av. de Saxe
75007 Paris

Fédération des tai-chi chuan et
qigong
274, rue Saint-Honoré
75001 Paris

Association suisse tai ji quan et chi
École de la voie intérieure
Case postale
1211 Genève 17

Yoga
Fédération française de yoga
11, passage Saint-Pierre
75011 Paris

Fédération française de hatha-yoga
50, rue Vaneau
75007 Paris

Fédération française de yoga
viniyoga
2, rue Valois
75001 Paris

Fédération nationale de yoga
Syndicat national
des professeurs
3, rue Aubriot
75004 Paris

Fédération inter-enseignement
hatha-yoga
322, rue Saint-Honoré
75001 Paris

Association suisse de yoga
rue de la Gare 5
2613 Villeret

INDEX

REMERCIEMENTS

L'éditeur tient à remercier les particuliers, musées et bibliothèques qui l'ont autorisé à reproduire les documents illustrant cet ouvrage. Les ayants droit ont été soigneusement recherchés et sont cités ci-dessous. En cas d'omission, merci de bien vouloir nous en excuser et de nous en informer afin que nous apportions les corrections nécessaires lors d'une prochaine édition.

h : haut ; c : centre ; b : bas ; g : gauche ; d : droit

Reliure interne : Mimi Lipton ; Serindia Publications, Londres. – P. 10 Science Photo Library. – P. 11 h et b Hutchison Library. – P. 12 Bibliothèque du Vatican/ Bridgeman Art Library. – P. 16 Hutchison Library. – P. 18 Science and Society Picture Library. – P. 20 Images Colour Library. – P. 21 Getty Images. – P. 22 Graham Harrison. – P. 23 h et g Needham Institute, Cambridge. – P. 23 d Hutchison Library.

– P. 32 Hutchison Library. – P. 33 Ancient Art and Architecture. – P. 34 h Graham Harrison. – P. 34 b Ancient Art and Architecture. – P. 36 Science and Society Picture Library. – P. 40 Mandanjeet Singh. – P. 42 h g British Library (Or 24099). – P. 42 bd Images Colour Library. – P. 43 Images Colour Library. – P. 44 h et b Images Colour Library. – P. 46 Sam Fogg Rare Books, Londres. – P. 56 Graham Harrison. – P. 58 AKG, Londres. – P. 64 Hutchison Library. – P. 74 British Library / Bridgeman Art Library. – P. 78 Mary Evans Picture Library. – P. 88 h et g British Library (Add. 27255 f° 340 b). – P. 88 b d Ancient Art and Architecture. – P. 89 Archives DBP. – P. 89 h Serindia Publications, Londres. – P. 89 b Archives Werner Forman. – P. 92 h Michael Holford. – P. 92 b Hutchison Library. – P. 102 Science and Society Picture Library. – P. 103 National Palace Museum, Taïwan/Bridgeman Art Library. – P. 104 British Library. – P. 106 Zefa. – P. 107 Life File. – P. 110 Bibliothèque de photos scientifiques. – P. 114 Images Colour Library. – P. 116 Science Photo Library. – P. 117 h Scala. – P. 117 b Archives DBP. – P. 118 British Library (Add. 24099 f° 118). – P. 120 h British Library (Add. Or 1426). – P. 120 b British Library (Add. 27255 f° 274v°). – P. 121 Hutchison Library. – P. 122 Science and Society Picture Library. – P. 123 Archives DBP. – P. 128 d Getty Images. – P. 128 g et 129 Naito Museum of Pharmaceutical Science and Industry, Gifu, Japon. – P. 130 Sam Frogg Rare Books, Londres. – P. 131 Getty Images. – P. 133 Abbas/ Magnum. – P. 134 Antonio Martinelli. – P. 135 h Pepita Seth. – P. 135 b Mimi Lipton. – P. 136 AKG, Londres. – P. 140 Bridgeman Art Library. – P. 145 Scala. – P. 146 Zhang Shui Cheng/ Bridgeman Art Library. – P. 147 Images Colour Library. – P. 148 Richard Bryant/ Arcaid. – P. 152 Mimi Lipton.

Photographies : Antonia Deutsch.

Chaise fournie par Habitat.

Principales illustrations : Elaine Cox p. 4/5, 8/9, 14/15, 38/39, 54/55, 76/77, 100/101, 124/125.
Autres illustrations : David Atkinson p. 151. Hannah Fermin p. 1. Tony Lodge p. 18, 19, 36, 93, 111.

L'éditeur voudrait remercier Liz Cowen, Mike Darton et Margaret Miller pour leur contribution à ce livre, ainsi que Sam Fogg Rare Books à Londres, le Needham Institute à Cambridge et les éditions Serindia à Londres pour leur aide documentaire.

Emma Mitchell souhaiterait remercier tout particulièrement Daphne Clark, Pat Essex, Alickie Gravel, Caroline Jory, Helen Merfield, Alex Mitchell, Georgie Ruthven ainsi que tous les enseignants du Raworth Centre, à Dorking, pour leurs conseils et leur soutien précieux.

Achevé d'imprimer : janvier 1999
Dépôt légal en France : février 1999
Dépôt légal en Belgique : D-1999-0621-31
Imprimé à Singapour
Printed in Singapore